犬飼 隆
和田明美 編

語り継ぐ古代の文字文化

青簡舎

まえがき

文字、とくに漢字は、不思議議です。「歌う」「唱う」「唄う」「謡う」「詠う」「謳う」。みな「うたう」なのに、字を変えると別のうたいかたになってしまいます。最後のは、もはやメロディーと離れてしまって、うたう人の態度をあらわしています。細かな使い分けを覚えるのは容易でありませんが、覚えてしまえば、まことに便利です。中国から来た、こんなにすばらしくてやっかいなものと、私たちは、弥生時代以来おつきあいしてきました。ある程度に使いこなせるようになった七世紀から数えても、一千四百年を越えます。

七、八世紀に書かれた漢字たちは、祖先の姿、ふるまいを、今に伝えてくれます。口から耳へ語り継がれてきたことの真偽を直接確かめようとしても、せいぜい四世代前までしかさかのぼりません。文字で書いて残されたものは、はるかな時空を越えて、私たちに当時を教えてくれます。古事記、日本書紀、万葉集をはじめとする八世紀の文献が日本に残されているのは、世界でもまれなことです。それに加えて、この五十年ほどの間に、木簡や墨書土器などの出土物に書かれた文字が研究に利用できるようになりました。文献資料と考古資料とのそれぞれの良いところを合わせて見ることで、古代の日本の姿が、いきいきと再現されていきます。

ただし、口から耳へ語り継がれることをアナログにたとえるなら、文字で書いて残されたものはデジタルです。一つ一つの漢字や、漢字の列にこめられた情報は、しかるべき手続きをとることによってはじめてアナログに変換され、人が認識できるようになります。しかるべき手続きとは、文字資料をよみといて、解読すること、解釈を加えることです。この論集では、日本の歴史とことばと文学の分野で、それぞれにベテランの、十人の研究者が腕をふるっています。どんな資料をとりあげて、どのように考えるのか、そこからどんなことがわかるのか、わかったことにはどのような意義があるのか、お楽しみください。

ところで、この論集は東海地方を前半のトピックにしています。七世紀から八世紀はじめの東海地方は、地政学的な条件と、東アジアの動乱が日本にも影響した条件とから、特色のある歴史をたどりました。伊勢は大和と、美濃は近江ととなりあい、尾張と三河は陸路で美濃と、海路では伊勢とつながっていました。熱田神宮は海岸にあったのです。伊勢の志摩地方と知多半島とは舟で直近でした。そして、新羅、唐との戦争で疲弊した西日本にかわって、七世紀なかごろから東海地方が都のヒンターラントの役割をしていました。壬申の乱のとき、のちの天武天皇、持統天皇が美濃を拠点にして近江へ攻めのぼった背景には、それがあります。

文字文化にもそういう事情が反映しています。都との人的、物的交流が盛んに行われるなかで、文字によるコミュニケーションの方法と、文字を使って表現する文化とが、ともなって東海地方に来ました。はるか後のことになりますが、戦国時代を織田信長、豊臣秀吉、徳川家康がおわらせ、尾張徳川家が学問と芸能を好んで奨励し、伊勢で本居宣長が活躍したようなことの源流が、古代の東海地方にあらわれています。そのようすもお楽しみください。

末筆になりましたが、時と人を得たこの論集が愛知大学の御援助と青簡舎の御尽力によって上梓できたことに感謝申し上げます。

犬飼　隆

平成二十五年十一月十三日

語り継ぐ古代の文字文化　目次

Ⅱ　文字が伝える古代日本

I　文字が語る古代の東海

「紫」を名にもつ美濃の人たち
―古代の近江・飛鳥と美濃・尾張・三河との交流―

犬飼　隆

1.

古代には「むらさき」は特別な色でした。「紫衣《しい》」という語があるように、最高の身分の貴族たちの着る衣服や冠の色が紫でした。『源氏物語』のヒロインが「紫の上」と名付けられているのもそういうことをあらわしています。「むらさき」はもともと色の名でなく、その色を染めるのに使う草の名です。たぶん「むれて咲く」という意味が語源でしょう。奈良時代に紫草からつくった染め薬を買おうとすると、米などよりはるかに高い値段でした。紫草はもともと野生ですが、朝廷は、摘み取った紫草を税として稲のかわりにおさめさせていましたし、国営の園をつくって育てていました。九州の太宰府の近くから「糟屋《かすや》郡《こほり》紫草廿根」とか「進上豊後国海部郡真紫草□□□（豊後の国の海部郡から良い紫草を献上します…）」などと書いた木簡が発掘されています（木簡学会『木簡研究』第八号一九八六の九九頁など参照)。『万葉集』巻一の国歌大観番号で二〇番のうた「あかねさす紫野行き標野行き野守は見ずや君が袖振る」にある「標野《しめの》」は紫草を育てていて勝手に摘み取ってはいけない場所のことで、「野守」はその番をしていた役人です。

この『万葉集』二〇番と次の二一番のうた「紫のにほへる妹を憎くあらば人妻ゆゑに我恋ひめやも」は、天智天皇と天武天皇の兄弟の間がどのようであったかを想像させることで良く知られています。額田王《ぬかたのおほきみ》の二〇番と、のちに天武天皇になる大海人皇子《おほあまのみこ》の二一番が並んでいます。額田王は大海人皇子の后でしたが、この時には天智天皇の后になっていました。それで、この二つのうたは「あなたが愛のしるしに袖をふると紫草を育てているこの野の番人に気付かれますよ」「紫のようにすてきなあなたが他人の妻だからといって恋をしないでいられましょうか」という、しのぶ愛の会話としてよまれています。そして、場面が高貴な「むらさき」につつまれることで俗な愛憎劇ではなくなっています。

2.

この「むらさき」を名としてもつ人が大宝二年(七〇二)の美濃国に二人いました。この年度には全国で戸籍がつくられ、そのうち美濃、筑前、豊前、豊後の国のものが奈良の正倉院に残っています。養老五年(七二一)の下総の国のものも残っています。美濃以外の国の戸籍には「むらさき」

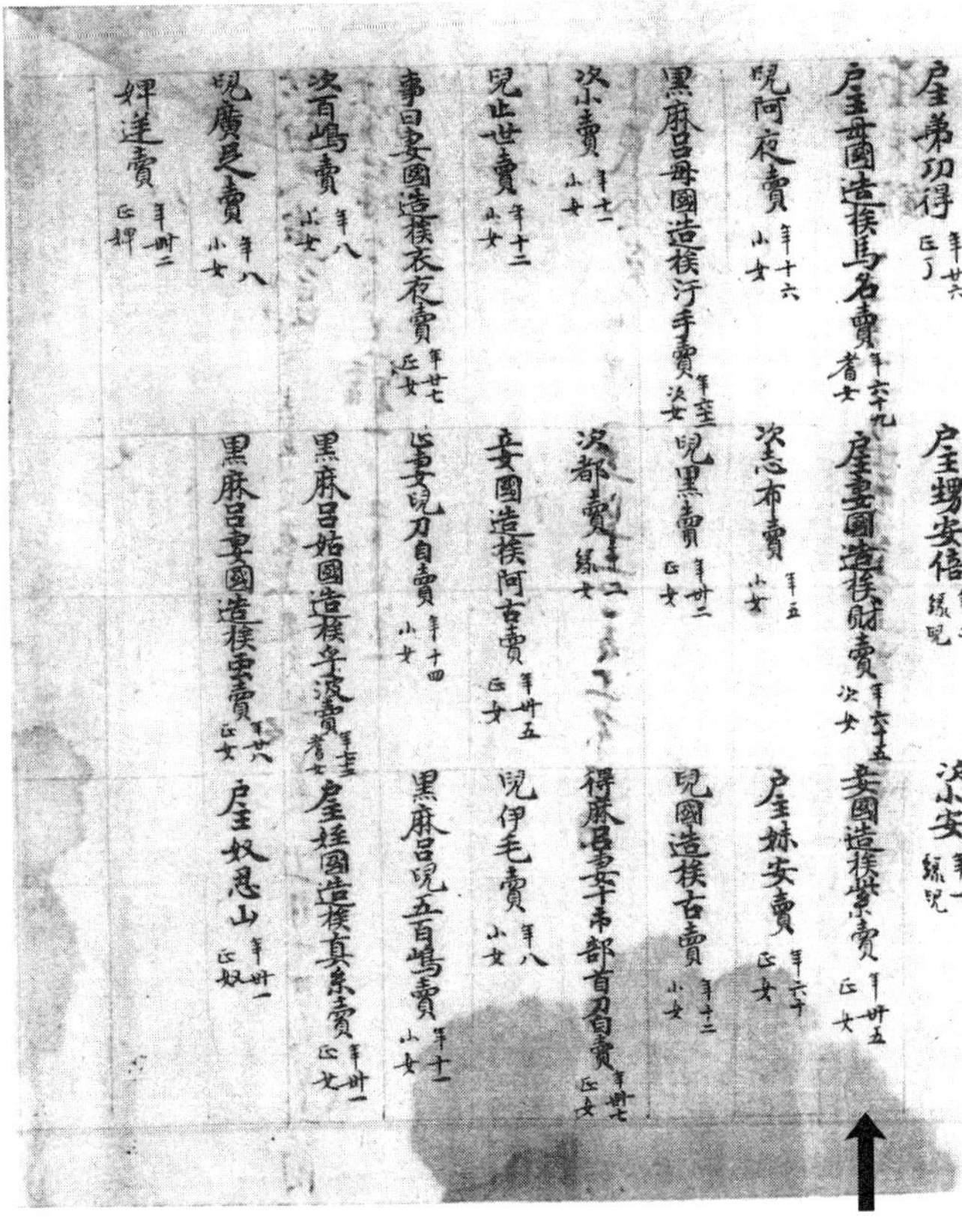

次人主 年五 小子
戸主弟功得 年廿六 正丁
戸主母國造族馬名賣 年六十九 耆女
児阿夜賣 年十六 小女
黒麻呂母國造族汙手賣 年五十 次女
次小賣 年十二 小女
児止世賣 年十二 小女
事曰妾國造族衣夜賣 年廿七 正女
次百嶋賣 年八 小女
児廣足賣 年八 小女
婢蓬賣 年卅二 正婢
次人足 年二 緑児
戸主甥安倍 年二 緑児
戸主妻國造族財賣 年五十五 次女
次志布賣 年五 小女
児黒賣 年廿二 正女
次都賣 年二 緑女
妾國造族阿古賣 年卅五 正女
正妻児刀自賣 年十四 小女
黒麻呂姑國造族乎波賣 年七十三 耆女
黒麻呂妻國造族宮賣 年廿六 正女
次木代 年一 緑児
次小安 年一 緑児
妾國造族紫賣 年卅五 正女
戸主妹安賣 年六十 正女
児國造族古賣 年十二 小女
得麻呂妻安八部首刀自賣 年卅七 正女
児伊毛賣 年八 小女
黒麻呂児五百嶋賣 年十一 小女
戸主姪國造族真条賣 年卅一 正女
戸主奴忍山 年卅一 正奴

美濃国戸籍　（出典：『正倉院文書影印集成』宮内庁正倉院事務所編）

の名をもつ人は出てきません。どのようなわけで古代美濃の二人はこの高尚な名を親からもらったのでしょうか。

念のため前もって述べておきますが、正倉院文書に残っている戸籍は同じ年に全国でつくられたものの一部です。それもそれぞれの国のなかの一部分です。ですから、こういう名の人がいたとかいなかったとか確実には言えないのです。これは、古代のことがらを調べるときにいつもつきあたる問題です。たとえば「たかむし（蝗）」という名の人が豊前国の戸籍にありますが、その後、この語は日本語の歴史上で『日葡辞書《にっぽじしょ》』（日本イエズス会、一六〇三年刊）まで出てきません。ことばはあっても文献に書かれなかったのです。このように、古代のことがらを研究するときは、利用できる限りの資料で考えてまとめるほかありません。これから述べることも同じです。そして、良心的な研究者は、いつも、いままで知られていないことが実はあるのではないかと注意していて、それが見つかれば考えを改めています。

さて、古代日本語にあった色をあらわす名詞は「あか」「くろ」「しろ」「あを」の四つだったと言われます（佐竹昭広「古代の言語における内部言語形式の問題」『萬葉集抜書』岩波書店一九八〇）。大宝二年度と養老五年度の戸籍に書かれた人の名のなかに「赤賣《め》」「赤猪《ゐ》」「黒麻呂《まろ》」「黒多《くろた》賣」「白賣」「小白」のように、「あか」「くろ」「しろ」を、そのまま名として付けたり、他の語を修飾したものがあります。「賣」は女性の名にもれなく付けられますから「赤賣」は「あか」が名です。「黒麻

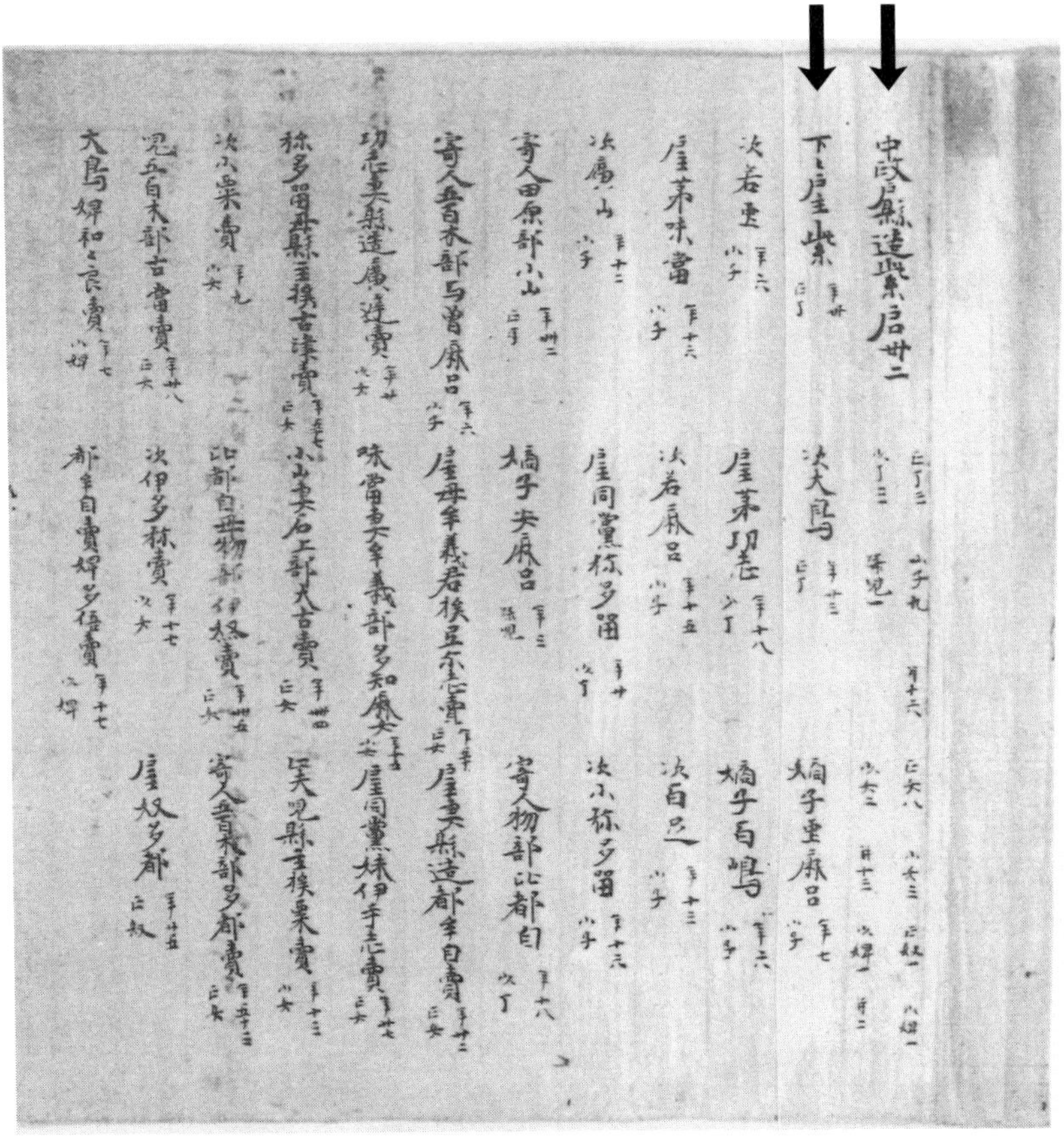

美濃国戸籍　(出典:『正倉院文書影印集成』宮内庁正倉院事務所編)

呂」は「良いおとこ」の意味です。「黒多賣」は、たぶん「よく実る田」です。「小白」は、兄か姉にあたる人が「しろ」か「しろまろ」いう名です。現代では、人の名は、日本語として意味をとろうとすればできますが、その人であることを他の人と区別してあらわすのがおもなはたらきです。しかし、古代には、普通に使っていたことばを人の名として付けました。これらの名をもつ人がいるということは、その地方でこれらの色をあらわす名詞が使われていたのです。

「あを」を名に付けられた人はどの国にもいません。普通の人には名として付けてはいけなかったのでしょう。『古事記』には「青沼馬沼押比賣《あをぬまぬおしひめ》」という女神と「青海郎女《あをみのいらつめ》」という履中天皇の皇女がでてきます。また『古事記』に雄略天皇が葛城山の一言主大神《ひとことぬし》に会った話しがあります。家来たち全員に青い着物に赤い帯という服装をさせて葛城山に登っていくと、向こうから同じ服装の人たちが登ってきたので、弓をかまえて何者かとたずねると神でした。天皇たちは弓矢を置き衣服を脱いで神におわびしました。衣服を脱いだのは、神が「あを」を着ているときに人が同じ色ではいけなかったからです。

古代の戸籍で「あか」「くろ」「しろ」を名として付けるとき、国によって違いがありました。名付けに文化があったのです。これについて飯田陽子さんが調べました。美濃国の戸籍は二五八〇人書かれているなかで「あか」一八人「くろ」四六人「しろ」一人です。それに「むらさき」二人です。筑前国は四三八人のなかで「あか」一三人「くろ」八人、豊前国は六八二人のなかで「あか」二二人「くろ」一九人「しろ」二人、豊後国は三二人のなかで「あか」一人です。九州三国を合計すると「あか」三六人「くろ」二七人「しろ」二人になります。下総国は六八四人のなかで「あか」一人「くろ」二五人「しろ」一〇人です。下総国の戸籍はつくられた時代が二十年ほど違うので慎重に考える必要がありますが、西へ行くほど「あか」が多く、東へ行くほど「くろ」が多いと言えるでしょう。しかし、「くろ」は九州にも多くありますから、「くろ」が一番ありふれた名付けで、西へ行くほどそれに加えて「あか」を好んで付けたと解釈するのが適当です。美濃国に兄が「黒麻呂」で弟が「赤麻呂」の例、筑前国に「黒」の弟が「赤猪」で妹が「赤賣」の例などがあります。「あか」を「くろ」とsetにして名付けているわけです。飯田さんはこれについて、「赤駒」「黒駒」などのsetにして言うことばがあることから、このころの「あか」「くろ」の意味は語源「明」「暗」からいくらも離れていなかったという意見を述べています。念のために筆者が付け加えると、これらの「くろ」は、現代の「くろうと」の使い方のように、「充実した」のような良い意味で名に付けられています。

「しろ」は全体に少数です。下総国にやや多いのですが、国全体の戸籍が残っているわけではありませんから、偶然かもしれません。そして、「白麻呂」のような「しろ」そのものの名ばかりで、「黒多」「赤猪」のように他の語を修飾したものは、美濃と下総に一人ずついる「白髪」だけです。生まれつきalbinoだった可能性もありますが、清寧天皇の諱《いみな》が「白髪」であるように、長生きを意識した名付けではないでしょうか。「しろ」は、神に供える「白和幣《にきて》」「青和幣《にきて》」のように神聖性に関係のあるときに「あを」とsetになります。「あを」ほどの強いタブーはなくても、普通の人の名には付けにくかったのでしょう。また、文学の表現では「あか」「しろ」のsetが美しさをあらわす意味で使われることがありました。たとえば『古事記』の神代の歌謡に「赤珠は緒さへ光れど白珠の君が装《よそ》ひし貴くありけり」の例があります。「しろ」は「あか」より優る高貴な色だったことになります。これについても飯田さんは興味深いことを明らかにしています。戸籍に書かれた人の名には兄弟姉妹の関係で「あか」「しろ」をsetにした例がないのです。普通の人たちは、「あか―くろ」のsetを子どもの名に付け、「しろ―あを」「あか―しろ」のsetは付けないようにしたということになります。先に述べたように、あるとかないとか確実には言えませんが、何千人もの名を見るとそういう名の付け方をしていたようだと言えます。

こうしてみると、美濃国で一般の人が「紫」という名を付けられたのは特別です。味蜂間《あはちま》郡春部《かすがべ》里の戸主の妾「紫賣」と加毛《かも》郡半布《はにふ》里の戸主「紫」です。女性と男性ですが、先に述べたように、女性の名にはもれなく「賣《め》」が付くので同じ名です。この二人は上流の家に生まれました。美濃国の戸籍には戸主（家の長）の名の前にその家の格付けが書いてあります。上中下を二つずつ組み合わせて上上から下下まで九等にわけますが、美濃国の戸籍に書かれた家のほとんどは下下で、里ごとに中下、下上、下中の家が一戸か二戸ずつあります。春部里の下上と下中の家の姓は「国造《くにのみやつこ》族」で、半布里の中下の家の姓は「懸造《あがたのみやつこ》」、下上の家の姓は「懸主族《あがたぬし》」と「秦人《はたひと》」、下中の家の姓は「懸造」「懸主」「秦人」「神人《かみびと》」「不破勝《ふはのすぐり》」です。春部里の「紫賣」の夫は戸主「国造族阿佐麻呂」で、家の格付けは下中です。「紫賣」自身も姓が「国造族」です。「阿佐《あさ》麻呂」のもう一人の妻「財賣《たから》」も姓が「国造族」です。このころは通い婚ですから「阿佐麻呂」が「財賣」とも「紫賣」とも結婚しているので、二人の妻の身分に差はありません。半布里の「紫」は戸主で、家の格付けは下下ですが姓は「懸造」です。妻の「都牟自《つむじ》賣」の姓も「懸造」です。「紫」という名の二人は、生まれも結婚相手もその里で一番の名家の血筋ということになります。都の新しい文化にふれる機会があった母親からこの名をもらったのでしょう。二人の年齢をみると、「紫賣」は三十五歳ですから、天智天皇が都を近江に移したころの生まれです。親族の誰かが都づくりに加わったかもしれません。「紫」は三十歳、この後に述べる壬申《じんしん》の乱のころに生まれたことになります。親族の誰かが軍勢に加わって帰ってきたかもしれません。それでは、天智天皇、天武天皇の時代に近江・飛鳥と美濃との行き来がどのようであったかを見てみましょう。

3.

その前に奈良時代の戸籍について少し説明します。この後に述べることをわかっていただくためです。日本で律令制度が行われるようになって、七世紀の末から六年ごとにそれぞれの国でつくって保存し清書を都に送っていました。その土地にどんな家族が住んでいるかを記録して、税をおさめさせる（徴税）ために使いました。現代は、税金をおさめる通知が世帯主にあててその年の一月一日の住所に送られますが、奈良時代は、戸籍をみて世帯主にあたる戸主に税をおさめるように役人が知らせたのです。男女と年齢の別によって定められた広さの田（口分田）を国が与え（班田）、収穫した稲を税としておさめさせて（収受）いました。家族に誰と誰がいるかわからないと、どれだけの田を与え税をおさめさせるか決まらないわけです。そして、当時は男はみな兵士になることが義務でしたので、戸籍をそのため（徴兵）にも使いました。兵士になるのに適しているかどうかがわかるようにしたわけです。

正倉院に残っている戸籍のなかで美濃国のものは他の国と違うところがたくさんあります。とくに大きな違いは、家族を一行に三人ずつ書き、しかも、まず男性を全員書いた後に女性を書いていることです。他の国の戸籍は、家族を並べるとき、戸主を最初に書いて、次に奥さん、男の子たち、女の子たち、それ以外の家族、最後に奴婢という順に、一行に一人ずつ書きます。この九州や下総国の戸籍の形式は班田収受に便利です。隋や唐の時代の中国の律令制度の形式にならったもので、現代の戸籍も、おおよそこの形式です。もっとも、中国の様式そのままというわけでなく部分的な違いもあります。たとえば赤ちゃんの年齢の子を古代中国の戸籍は「黄」で、日本のは「緑」で書きあらわしています。中国には赤ちゃんの髪は黄色いと考える風習があり、日本では「みどりご」と呼ぶからです。

さて、美濃国の戸籍が家族を三段に書くのは、細長い木の札に書いた後、ひもでつづり合わせて巻物のようにしていたことの名残りだろうと言われています。ひもでつづり合わせるには二箇所をしばるのが合理的ですから、ひもを避けて書くと一行が三段になるわけです。それを紙に書くと美濃国の戸籍の形になります。中国でも韓国でも日本でも木簡などに人の名を三段に書いたものが発掘されています。そして、まず男性を全員書くのは、兵士を集めることを第一の目的にしているからだろうと歴史学者たちは考えています。一昨年に、この証拠になるものが九州の太宰府の近くから発掘されました。木の板に美濃戸籍と同じように人の名を三段に書いているのです。七世紀末のものです。筑前国でも、大宝二年度より前には、美濃国と同じ形式の戸籍がつくられていたことになります。あるいは、大宝二年度の戸籍をつくったときも、正式の清書は中国式、ふだん使う名簿は古くからの様式と、使いわけたのかもしれません。これからまた新しい資料が発見されて研究がすすめば、もっと明らかになるでしょう。

美濃国の形式は兵士を集めることを第一の目的にしていたわけですが、そのためか美濃国の戸籍の男性には軍隊で特別なはたらきができると書かれている人があります。人の名や年齢などを書いた後から書き込んだようです（堀部猛「郡里の特殊技能者」『美濃国戸籍の総合的研究』東京堂出版二〇〇三）。これも他の国の戸籍にはない特徴です。「歩桙取」はたぶん「かちのほことり」とよみます。

太刀より大きい鉾が使いこなせる歩兵です。「弓中」はたぶん「ゆみあつ」か「ゆみあて」とよんで弓がうまいこと、現代の軍隊なら狙撃手《スナイパー》です。「矢作」は矢をつくる人です。これらの人たちは、この戸籍がつくられたときに現役の「兵士」の身分でした。「大角吹《はらのふえふき》」「小角吹《くだのふえふき》」は部隊の全体に動き方を伝える信号手です。「胡禄作《やなぐひ》」は矢を入れる道具をつくる人です。「工」「鍛」は道具や武器を直したりつくる人です。これらの人たちは、軍団でなく自分の家にいました。

4.

美濃国戸籍に書かれている人たちのなかに、西暦六七二年に起きた壬申の乱のとき兵士として都へ行った人がいるはずです。『日本書紀』の巻二十八によると、大海人皇子（天智天皇の弟）は、天皇が重い病気になられたとき、次の天皇には大友皇子《おほとも》（天智天皇の子）がふさわしい、自分は仏教を修行すると申し上げて、近江の都を出て吉野の離宮へ行きました。天智天皇がなくなると、美濃国の安八磨郡《あはちま》（現在の安八郡）にいた多臣品治《おほのおみほむち》に連絡をとって軍勢を用意させました。そして、吉野を出て伊賀から桑名を通って美濃まで行き、不破の少し西の野上に陣どりました。道中、東海地方の豪族たちに味方するように呼びかけると、軍勢が続々と集まりました。桑名に着く時には三千人の美濃の軍勢が不破を占領して近江との境を固めたという知らせがとどき、不破に着く時には尾張の国司の小子部《ちひさこべ》連《むらじ》鉏鉤《さひち》が二万人の軍勢を連れてきたと書かれています。大海人皇子は軍勢を美濃と尾張を中心に東国から集めたわけです。それに加わっていた人が三十年後の戸籍に書かれていても不自然はありません。壬申の乱の時に十五歳だったとすれば四十五歳です。前の節であげた「胡禄作」の「秦人安閇《あへ》」は六十歳、「工」の「道守部広《みちもりべひろし》」は四十六歳、「石部三田《いはべみた》」は五十歳、「岸臣目太《きしのおみめだ》」は四十四歳、「鍛」の「懸主族安麻呂《やす》」も四十四歳なので、可能性があります。壬申の乱のときにその役目をはたしたのかもしれません。「歩杵取」にも四十歳代半ばの人が三人います。それ以外の普通の人のなかにもいるでしょう。

大海人皇子は近江へ攻め込んで勝ち、即位して天武天皇になると、都を飛鳥に戻して、浄御原《きよみがはらの》宮《みや》をたてました。持統天皇の八年（六九四）に藤原京へ移るまでと、そのあと和銅三年（七一〇）に平城京へ移るまでの、約四十年の間、美濃と尾張と三河は都との交流が盛んでした。壬申の乱で近江の大友皇子の側は都より西の地方の軍勢を集めて戦いました。その地方の豪族たちが力を失ったのにかわって、美濃や尾張の人たちが力をもったのです。それだけでなく、大海人皇子が近江を攻めるとき、吉野から出て、まず美濃へ行きました。行く先に安八磨郡をあてにしていたということは、以前からその土地の豪族とつながりがあったのでしょう。第2節であげた「国造族」「懸主族」たちとです。そして、右に述べたように、美濃には軍隊の道具や武器をつくるのがうまい人たちがいました。このような技術は発達するのに時間がかかります。美濃の科学の水準は以前から高かったわけです。また、現代の安八郡がそうであるように、木曽川のおかげで米などの食べものもよくとれたでしょう。大勢の兵士に良い武器をもたせ食事を出すことのできる豊かな土地だったのです。

5.

美濃は近江ととなりあっています。現代では、おおまかに言うと、岐阜県のことばは東日本の方言で、となりの滋賀県は西日本方言ですが、古代の美濃のことばは、もっと西日本方言に近かったようです。現代でも、愛知県で文を言い切るときに「…だ」を使うところ、岐阜県では三重県と同じように「…や」を使うなどの違いがありますが、二百五十年前、江戸時代の方言を説明した『物《ぶつ》類称呼《るいしょうこ》』(一七七五年刊)という本には、美濃のことばは近江と似ていると書かれています。そこに美濃の方言としてあげられていることばが十八語あります。これについて工藤栄倫子さんが調べました。

たとえば「菌耳(たけきのこ) 初茸を美濃三河尾張にて。あをはちと云。」という文章があります。そのころ美濃と三河と尾張で初茸のことを「あをはち」という方言で言ったのです。このように、ある方言が美濃を含むいくつかの国で使われていると書かれたものを探して、国の数をかぞえます。「あをはち」なら三河が一つ、尾張が一つです。すると、数の多い順に、美濃の方言が尾張と共通するのは七つ(そのうち尾張だけと共通するのは四つ)、近江と共通するのは四つ(そのうち近江だけと共通するのは一つ）、美濃以外の他の国では使わないのが三つ、畿内と共通するのが三つ（畿内とだけ共通するものはなし）、伊勢と共通するのが三つ（そのうち伊勢だけと共通するのは二つ）、他は三河、上野、駿河、越後が一つずつという結果になりました。現代でも濃尾方言と呼ばれるように、尾張との共通がもっとも多いのですが、近江が二番目です。畿内と伊勢を加えると、半分以上がいまで言う関西方言と一致します。現代の方言変化をみても、たとえば名古屋市で以前は使っていた「おおきに」が姿を消したり三河から「じゃんね」が入ってきたりしているように、東海地方では東と西の方言の境目が少しずつ西へ進んでいますから、納得が行きます。

また、古代の方言について調べようとすると資料が残っていなくて困るのですが、工藤さんは大宝二年度の戸籍を利用して興味深い発見をしています。先に説明したように戸籍は六年に一回つくりますが、その間の毎年に計帳《けいちょう》をつくります。戸籍のもとになるもので、形式もおおよそ同じです。正倉院に都のまわりの地方の計帳がいくつか残っていますが、神亀元年から天平一四年（七二四～七四二）の九回に渡って同じ家族を書いた「近江国志何《しか》郡」の計帳に「阿多麻志《あたまし》賣」「阿閇《あへ》」「志祁志《しげし》賣」という名の人がいます。「吾田増し（女）」「饗」「繁し（女）」のような意味になります。「あたまし」は「価増し」かもしれません。「あへ」はごちそう、「しげし」は形容詞です。念のため述べておきます。「志祁志」の「祁」は上代特殊仮名遣いでケ甲類をあらわす万葉仮名ですが、これらの戸籍、計帳ではケ、ゲの甲類と乙類の区別がなかったと筆者は考えています（「文字言語文

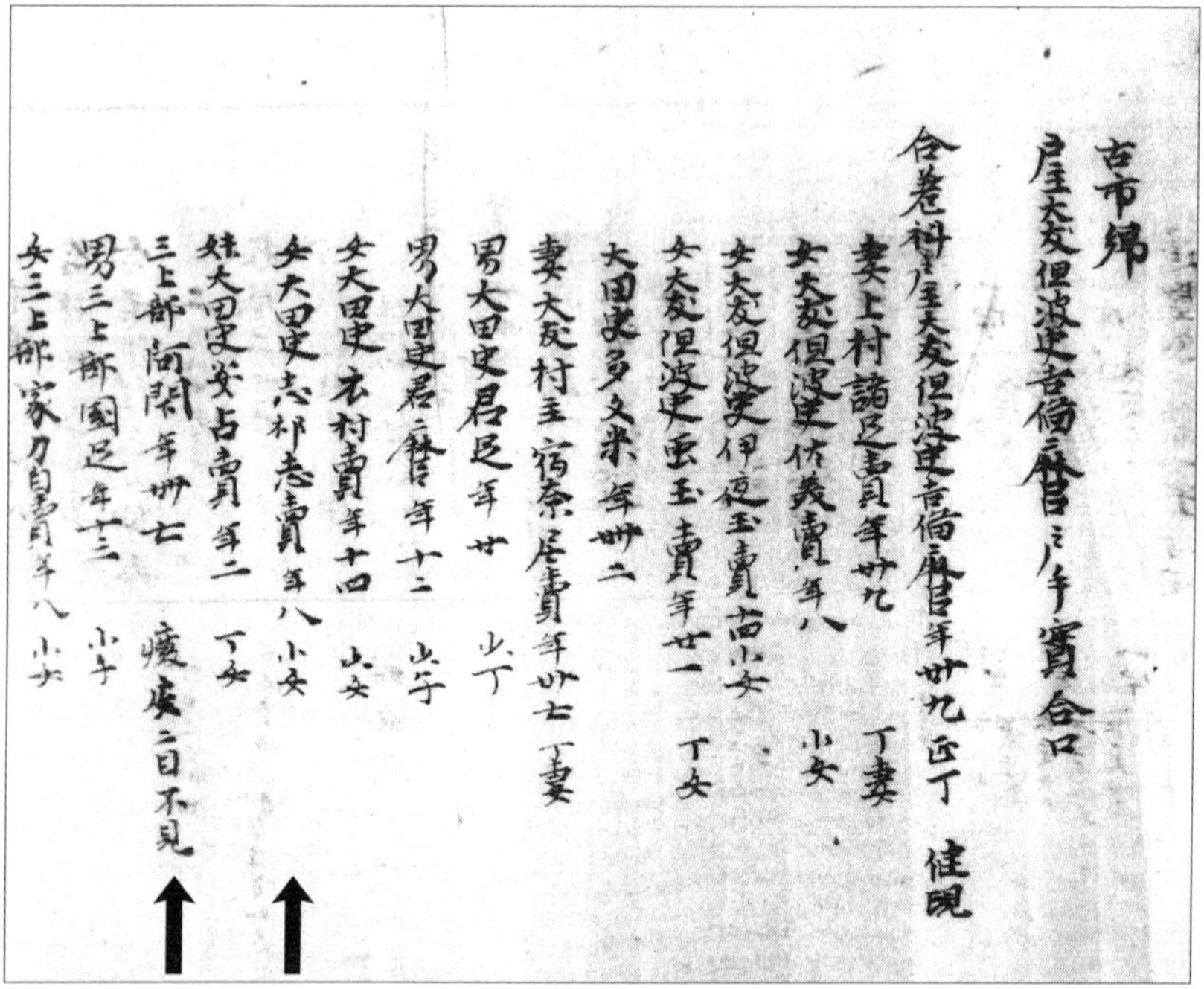

近江国志何郡計帳　（出典：『正倉院文書影印集成』宮内庁正倉院事務所編）

化としての戸籍」『美濃国戸籍の総合的研究』東京堂出版二〇〇三）。さて、この三つの名は、大宝二年度の戸籍のなかでは美濃国だけに出てきます。使われているそれぞれのことばは他の地方にもあったでしょうが、美濃と近江では人の名に付け、他の国では付けなかったのです。文化の違いと言えるでしょう。志何郡の計帳に書かれた人の名は全部で二十一人なので、そのうちの三人は高い割合になります。なお、「志祁志賣」は天平五年（七三三）ころの「山城国愛宕郡《あたご》」の計帳にもいます。関西でも北の地方の名付け方だったのかもしれません。

美濃国の戸籍には、右に述べたほかにも、他の国の戸籍には出てこなくて、都で出土する木簡や正倉院文書には出てくる名の人があります。「飯得《いひとこ》」「諸身《もろみ》」「止尼利《とねり》」などです（愛知県立大学客員共同研究員の鈴木喬氏による教示）。このように、美濃は天智天皇、天武天皇の時代に近江をとおして大和地方と共通する文化をもっていました。

6.

尾張、三河はどうだったのでしょうか。最後に見てみましょう。尾張は、美濃からは陸の道をとおして、伊勢からは海と海沿いの道をとおして、古くから大和地方とつながっていました。美濃、伊勢ととなりあっている地域は早くひらけていたでしょう。昔は今よりも海が陸の方に入っていました。名古屋市の「つるま」は水で土の表面がつるつるしている海岸の土地です。干潟で鶴が漁《あさ》りをする優雅な想像から「鶴舞《つるま》」という字があてられたために「つるまい」というよみかたが後からできました。熱田神宮は海岸にたてられていたのです。『日本書紀』巻七によると、景行天皇は熊襲《くまそ》征伐から帰った日本武尊《やまとたけるのみこと》に美濃の国をおさめさせました。すると尊は東の国々を朝廷に従わせたいと天皇に願い出ました。尊はまず伊勢神宮へ行って草薙《くさなぎ》の剣を借り、関東地方から東北地方まで遠征し、帰りは現在の山梨県や長野県を通って尾張に戻りました。戻ったとき「更還於尾張」と書かれていますから、出発するときにもたちよったのです。そして伊吹山へ出かける前に尾張国造の妹の宮簀媛《みやずひめ》に草薙の剣をあずけたのが熱田神宮の起源になりました。この物語は言い伝えですが、古代に大和地方から東へ行くときは、まず美濃で準備し、尾張に一度たちよって準備をととのえて出発したことがわかります。美濃、尾張は遠征の準備ができる豊かな土地だったのです。壬申の乱のときの天武天皇も、この古くからの仕組みを利用したことになります。

三河は、陸からは尾張をとおして、海からは志摩、伊勢をとおして大和地方とつながっていたようです。『日本書紀』巻三十に、持統天皇は治世の三年から十一年の九年間（六八九～六九七）に三十一回も吉野へ行幸されたと書かれています。天武天皇とともに壬申の乱を切り抜けた持統天皇にとって特別な思いがあったからだと言われます。『続日本紀』巻一によると、大宝二年、戸籍がつくられたのと同じ年には、太上天皇として三河へ行幸されました。十月十日に出発して十一月十三日に尾張に着き、美濃の不破まで行って伊勢、伊賀を通って二十五日に都へ戻られたと書かれています。そして翌月に崩御されました。『万葉集』巻一の五七～六一番のうたの題が「二年壬寅太上天皇幸于参河国時歌」になっています。まず三河まで行き、尾張へ戻って、壬申の乱のとき天武天皇が不破まで行かれた道筋をたどったのでしょう。尾張、美濃、伊勢、伊賀で現地の人たちに位や褒美を与えたと書かれていますが、三河のことは何も書かれていません。そう言えば、『日本書紀』の壬申の乱の記事にも三河が出てきません。何のために太上天皇は三河まで行かれたのでしょうか。想像でしかありませんが、『続日本紀』は五位以上の高い身分の人たちのことをおもに書きます。会われた三河の人は位が低かったのではないでしょうか。壬申の乱のときも、三河の軍勢が加わっていて、美濃、尾張と違って代表として書くのに適当な豪族がいなかったのかもしれません。けれども、持統天皇にとって三河の地は亡くなる前にもう一度見ておかなくてはならなかったのです。伊勢、志摩とつながりの深い篠島、日間賀島が、佐久島とともに三河に属していたところに、謎をとく鍵がありそうです。

こうして「むらさき」をキーワードに古代の美濃、そして尾張、三河と都との文化の交流をみました。もしも大宝二年度の尾張と三河の国の戸籍が残っていたなら、「紫」という名の人がいたでしょうか。尾張の北部ならいたかもしれないと思います。

付記　この論考は、左の愛知県立大学文学部国文学科卒業論文の調査・分析とそれにもとづく見解を素材にしています。ここに書いた文章の責任は犬飼にありますが、手柄は二人のもの（姓は提出時）です。貴重な知見を公表する機会を得たことを幸いに思います。

工藤栄倫子「古代方言の研究—古代美濃国の言葉—」二〇〇四年度

飯田陽子「古代戸籍の語彙—色彩語彙について—」二〇〇五年度

正税帳《しょうぜいちょう》が語る尾張の古代社会

丸山 裕美子

はじめに

奈良東大寺の正倉院には、「正倉院文書」とよばれる八世紀の史料群が一万点以上も残っている。正倉院文書は、東大寺写経所で作成された事務帳簿を中心とするが、なかには公文書（律令公文）の反古を利用して書かれたものもある。使用された律令公文としては、大宝二年（七〇二）の御野国（美濃国）戸籍や、西海道諸国の戸籍、養老五年（七二一）の下総国戸籍、神亀三年（七二六）山背国（山城国）計帳、天平五年（七三三）の右京計帳手実などの籍帳類が代表的なものであるが、ほかに、「正税帳」と呼ばれる文書の断簡がかなりの数、まとまって残存する。なかで、尾張国の正税帳は、天平二年度のものと天平六年度のものとが残っている。正税帳は、後述するように、諸国の収支決算報告書、いわば家計簿である。本稿では、この尾張国の家計簿を読み解いて、尾張地域の古代社会の様相を描いてみようと思っている。

正税帳について

まず、正税帳について、簡単に説明しておこう。「正税」というのは、諸国の郡の正倉に収納された官稲（公的な稲）のことである。田租《でんそ》（律令制下の税目の一つで収穫高の約三％を徴収した）と出挙《すいこ》（種稲の利息つき貸し付け）の利稲（利息分の稲）を中心とする。田租の稲穀（籾）はもっぱら蓄積され、倉がいっぱいになると封をして「不動倉《ふどうそう》」とした（渡辺晃宏「平安時代の不動穀」『史学雑誌』九八―一二、一九八九年）。出挙は稲穀ではなく、頴稲《えいとう》といって、穂首刈りのまま穂先を束ねた状態で運営し、春と夏に貸し付け、秋の収穫時に利息分と合わせて徴収し、地方財政の経費にあてていた。いわば地方自治体による公認の高利貸しである。

正税帳というのは、その諸国の正税の一年の収支決算報告書である。毎年、国司から任じられる正税帳使がこれを持って上京し、中央の太政官に提出した。諸国から太政官への上申文書であるので、「解《げ》」という書式をとる。太政官から民部省に送られ、民部省所管の主税寮で勘会（会計監査）を受けることになっていた。

この正税帳が、一定期間保存された後、不要になって反古とされて東大寺写経所に払い下げられ、そのウラが事務帳簿として活用されて残ったのが、正倉院文書の正税帳である。現存する正税

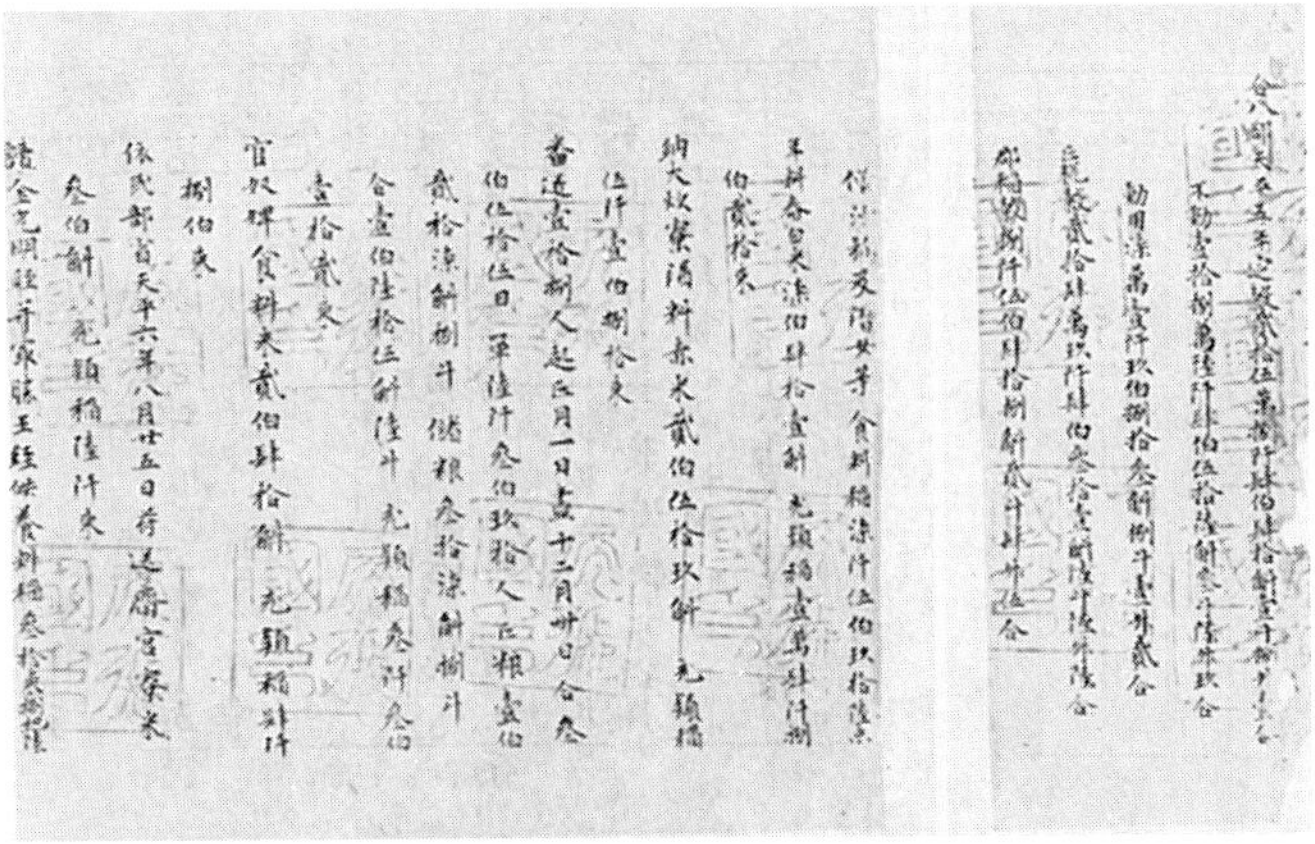

天平６年度尾張国正税帳（巻頭）

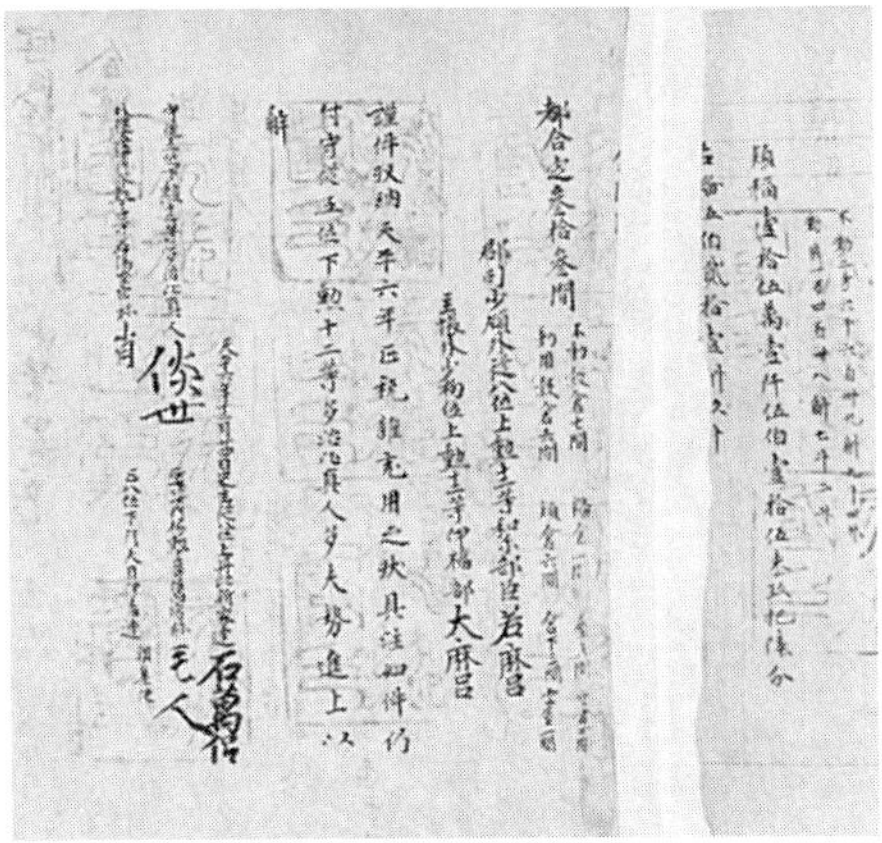

天平６年度尾張国正税帳（巻末）

（ともに、複製　国立民俗博物館所蔵、原品は宮内庁正倉院事務所所蔵、
写真は国立民俗博物館提供）

帳をまとめると、表1のようになる。正税帳は早くは「大税帳」と呼ばれており、また天平六年に郡稲が正税に入れられることになった（これを「官稲混合」という）ので、それまで正税帳とは別に作成されていた「郡稲帳」もこの表には含めている。

現存する正税帳は、いずれも断簡なのだが、表1からわかるように、天平二年度から天平十一年度まで十年分が、二〇通以上残っている。地域も左京・大倭・摂津・和泉の畿内諸国、伊賀・尾張・駿河の東海道諸国、東山道の国はないが、北陸道の越前・佐渡国、山陽道の播磨・周防・長門国、山陰道の但馬・隠岐国、南海道の紀伊・淡路・伊予国、西海道の筑後・豊後・薩摩国と全国に散らばっている。

また正税帳は、一定の書式にのっとって記されたので、一部しか残っていない断簡でも欠落部分を推測可能だし、計算による復元もできる。鈴木靖民編『復元天平諸国正税帳』（現代思潮社、一九八五年）という本も出版されている。

『延喜式』主税下に載る書式を簡単に記すと、以下の通りである。

○○国司解　申収納△△年正税事
［首部（一国全体の記載）：前年度繰越・当年収入・当年支出・次年度繰越］
［郡部（各郡ごとの記載）：同上］

表1　現存正税帳一覧

年度	作成年・月・日	国名	帳簿名称（推定）	大日本古文書	正倉院文書
天平2（七三〇）	天平2・12・20	大倭	（収納大税穀穎并神戸租等帳）	①三九六~四一三	正集10
	天平3・2・7	伊賀	（大税雑用并収納帳）	①二四七~四二八	正集15
	天平2・12	尾張	収納大税帳	①四一三~四一七	正集15・塵芥7
	天平3・2・26	越前	大税帳	①四二八~四三九	正集27・続々修19―8背他
		隠岐	（郡稲帳）	①三八九~三九〇	正集34
		紀伊	収納大税帳	①四一八~四二三	正集37
天平4（七三二）	天平5・閏3・6	越前	郡稲帳	①四六一~四七三	正集28
		佐渡		②二三~二四	正集28
	天平5・2・19	隠岐	正税収納帳	①四五一~四六〇	正集34
天平4以前		播磨	（郡稲帳）	②一五〇~一五一	正集35
天平6（七三四）	天平6・12・24	尾張	収納正税帳	①六〇七~六二〇	正集15
	天平7・7・3	周防	正税目録帳	①六二三~六二八	正集35
天平8（七三六）		摂津	正税目録帳	②九~一一	正集14
		佐渡		②二一~二三	正集28
		伊予	（正税出挙帳）	②五~八	塵芥39
		薩摩	正税目録帳	②一一~二一	正集43、続々修35―6背
天平9（七三七）	天平10・4・5	和泉	収納正税帳	②七五~九七	正集13・14
	天平10・2・28	駿河	正税目録帳	②六七~七四	正集17
		但馬		②五五~六六	正集29
		長門	収納大税目録帳	②三二~四〇	正集36
		豊後	正税帳	②四〇~五五	正集42
天平10（七三八）		左京職	（正税帳）	②一〇六	正集9
		駿河	正税帳	②一〇六~一三〇	正集17
		周防	正税帳	②一三〇~一四六	正集35・36
	天平10・12・27	淡路		②一〇二~一〇五	正集37
		筑後	正税目録帳	②一四六~一四九	正集43
天平11（七三九）		伊豆	正税并神税帳	②一九二~二〇〇	正集19

（注）「①三九六~四一三」は『大日本古文書』一巻の三九六頁から四一三頁に収載されていることを示す

以前△△年収納正税如件、仍付××中上以解（謹解）

年月日　署名

尾張国正税帳は、天平二年度のものはわずか二断簡、天平六年度のものは十断簡が残る。天平二年度正税帳は首部の一部（A断簡）と郡部のうち某郡（記載順から春部郡と推定されている）の末尾と山田郡の冒頭部分（B断簡）から成り、天平六年度正税帳は、首部（A・B・C断簡）及び、某郡（海部郡ヵ）末尾及び中嶋郡冒頭（D断簡）、某郡（中嶋郡ヵ）末尾及び葉栗郡冒頭（E断簡）、所属郡不明のF・H断簡、おそらく中嶋郡の記載と思われるG・I断簡、正税帳末尾（J断簡）から成る。以下では、『愛知県史　資料編6　古代1』（愛知県、一九九九年）で配列を復元された尾張国正税帳を使って、尾張国の古代社会の姿を描いていく。

尾張国正税帳の語るもの　①地域の財政と国の等級

正税帳は、それぞれの国の財政状況を教えてくれる。諸国の正税帳は、年度は違ってもほぼ天平年間のものであるので、比較は十分可能である。

尾張国の場合、天平二年度も天平六年度も正税帳の冒頭が残っており、前者は当年決算額、後者は前年度繰越分の稲穀の総計が判明する。天平二年度は、決算額が、

都合定穀貳拾壹萬参阡参伯貳拾肆斛捌斗

であり、天平六年度は前年度からの繰越分が、

合八郡天平五年定穀貳拾伍萬捌阡肆伯肆拾斛壹斗捌升壹合

とある。文書の偽造を防ぐため、難しい画数の多い数字で記されているが、天平二年は二一三三二四斛（斗以下は省略）であり、天平六年（天平五年決算）は二五八四四〇斛である。三年間で、貯蓄が約四五〇〇〇斛増えたことになる。

これを同時期の他の国と比較してみると、天平二年度の紀伊国の場合、前年度繰越分は四五二八七斛であり、また同じく越前国の場合は、二二七一八九斛である。

つまり、尾張国は紀伊国の約五倍、越前国とはほぼ同じ規模の財政であったことがわかる。もちろん年によって、飢饉や天災による増減はあったであろうし、そもそも稲穀は毎年蓄積されて増えていくわけだから、一概にはいえないが、尾張国が豊かな経済基盤をもっていたことは認められるであろう。

また国の等級は、豊かさによるわけではないが、後には田疇・編戸の数によるとされ、『延喜式』では尾張国（八郡）は上国にランクされている。先に比較の対象とした紀伊国（七郡）は同じく上国で、越前国（六郡）は大国である。職員令の規定では、上国の国司の構成は、守《かみ》一人、介《すけ》一人、掾《じょう》一人、目《さかん》一人であるのだが、天平六年度正税帳の末尾の署名は、

守従五位下勲十二等多治比真人《たじひのまひと》「佽世《たふせ》」　正七位下行《ぎょう》掾勲十二等佐伯宿禰《さえきのすくね》「毛人《えみし》」
外従五位下行介勲十二等若湯坐宿禰《わかゆえ》「小月《おつき》」　正八位下行大目伊吉連《いきちのむらじ》朝集使

となっている。「大目」がいるので、少目が存在する、つまり大国と同じく目が二人という構成であったのである。ちなみに少目は正八位下大蔵忌寸子虫であった。

では、奈良時代には尾張国は大国であったのかというと、そうではなさそうである。というのも、仁寿三年（八五三）六月八日付太政官符（『類聚三代格』）によれば、

令条を案ずるに、大国は大少目各一人、上国は目一人なり、しかるに案内を検ずるに、尾張・参河・豊前・豊後等二十七箇国は、並びに上国に居るも大少目有り、これすなわち時々に議奏して加え置くところなり

とあって、上国であっても目二人を置く場合があったのである。このことは、おそらく奈良時代にも尾張国は正式な国の等級としては上国であったが、実質的には大国ランクであったということを示しているのであろう。

尾張国正税帳の語るもの　②地域政治の実態

尾張国正税帳からは、中央政府の政策が、地域社会でどのように実行されたのかを知ることができる。まず、先述した「官稲混合」の実施状況についてみてみよう。『続日本紀』天平六年（七三

四）正月庚辰条には、

勅すらく、諸国の雑色官稲は、駅起稲《えききとう》を除く以外、悉く正税に混合せしめよ

とある。雑色官稲というのは、郡稲、官奴婢《かんぬひ》食料稲、駅起稲、兵家稲などの用途別の稲のことである。これらをすべて大税（田租）と同じくし、「正税」として一本化しようという政策で、国家による「稲の囲い込み」（小口雅史「日本古代における『イネ』の収取について」黛弘道編『古代王権と祭儀』吉川弘文館、一九九〇年）と評価される。このときに混合されなかった駅起稲も天平十一年には正税に混合されている（『続日本紀』天平十一年六月戊寅条）。

天平六年度の尾張国正税帳には、

郡稲穀捌阡伍伯肆拾捌斛貳斗肆升伍合

とあるが、「郡稲」が正税帳に記載されているということは、官稲混合政策がすぐさま実施されたことを示す。また「官奴婢食料米」という項目も見え、これもまた新たに正税に組み込まれた雑色官稲であった。

官稲混合は天平六年正月庚辰（十八日）勅によって命じられたが、天平六年出雲国計会帳によれば、この勅を受けた太政官符が諸国に逓送されたことがわかる。ちなみに出雲国には二月八日に届いている。中央政府の政策は、すみやかに地方に伝達され、地方はこれを忠実に実行したのである。

次に、尾張国における志摩国の百姓の口分田の存在についてみてみよう。

『続日本紀』神亀二年（七二五）七月壬寅条には、

伊勢・尾張二国の田を以て、始めて志摩国の百姓の口分に班給す

とある。志摩国は二郡しかなく、前年の班田の結果、口分田の不足が表面化したための措置であろう。天平二年度の尾張国正税帳には、山田郡に、

志摩国伯姓口分田輸租穀弐拾参穀壹斗

とあり、実際に志摩国の百姓の口分田が置かれていたことがわかる。『延喜式』民部上には、「凡そ志摩国百姓口分田は、便に伊勢・尾張両国に班授せよ」とあって、この規定は十世紀初頭まで継続していたらしい。ただし、志摩国の百姓の口分田であるのだから、その田租は本来なら志摩国に収められるものである。尾張国に入れられている理由は不明である。

尾張国正税帳の語るもの　③地域の豪族たち

正税帳には、郡ごとの記載があるが、そこには記載の責任者である郡司たちの署名が記されている。尾張国は八郡からなるが、天平二年度正税帳から、春部郡（推定）の郡司の名が、また天平六年度正税帳からは、海部郡（推定）、中嶋郡（推定）、知多郡（推定）の郡司の姓名が知られる（表2）。

郡司は、大領《たいりょう》・少領《しょうりょう》・主政《しゅせい》・主帳《しゅちょう》の四等官からなり、中央政府から派遣される国司と異なり、

表2　尾張国正税帳に見える郡司一覧

年度	推定郡名	郡司	位階	氏名
天平2（七三〇）	春部（？）	大領	外正八位上	尾張宿禰人足
		少領	外従八位上	民連石前
		主政	外大初位上勲十二等	尾張連石弓
		主帳	外大初位上勲十二等	三宅連　※向京のため署名なし
		主帳	外少初位下勲十二等	語部有嶋
天平6（七三四）	海部（？）	主帳	外大初位上勲十二等	額田部　※病のため署名なし
		主帳	外少初位上勲十二等	爪工連　※病のため署名なし
		主帳	無位	尾張連田主
	中嶋（？）	？	□従八位下	尾張連　※向京のため署名なし
		？	□□八位上勲十二等	甚目□多希麿
		？	外大初位上勲十二等	中嶋連東人
		主帳	外大初位上勲十二等	国造族　※向京のため署名なし
		主帳	外大初位上勲十二等	□□正月
		主帳	外少初位下勲十二等	他田弓張
	知多（？）	少領	外従八位上勲十二等	和爾部臣若麻呂
		主帳	外少初位上勲十二等	伊福部大麻呂

（注）□は文字が欠損していることを示す

＊参考：天平6年度尾張国正税帳に見える国司

国司	位階	氏名
守	従五位下勲十二等	多治比真人俠世（多夫勢）
介	外従五位下勲十二等	若湯坐宿禰小月
掾	正七位下勲十二等	佐伯宿禰毛人
大目	正八位下	伊吉連大魚
少目	正八位下	大蔵忌寸子虫
史生	従八位上	丹比新家連石麻呂
史生	従八位上	御手代直男綱

表3　史料にみえる尾張国郡別氏族の分布（部姓も含む）

中嶋郡	小塞宿禰（→尾張宿禰）・尾張連・甚目連・中嶋連・国造族・他田・物部2・長谷部2・磯部・□部・裳咋臣（→敢臣）・西部・南部・（中嶋県主）
海部郡	尾張宿禰・高尾張宿禰（←甚目連）2・尾張連・甚目連2・海連・爪工連・治田連・私部・額田部・物部2・磯部（石部）2・刑部2・韓人部・伊河原2・甚目2・山口忌寸
葉栗郡	生嶋勝2・凡海部・□（椋ヵ）椅部・敢石部・□□部
丹羽郡	凡人部・（丹羽県主）・額田？
春部郡	尾張宿禰2・尾張連3・民連・三宅連・三宅人部・語部
山田郡	少治田連（→尾張宿禰）・日下部連・郡造族2・生江臣・凡人部・笛吹部・三宅人部・物部・□□□部
愛智郡	尾張宿禰・三宅連・海連2・久例連2・荒田井直族4・長谷部2・物部・若倭部・衣縫部・出雲
智多郡	和爾部臣2・和爾部5・丸部3・伊福部・五百部・神部・白髪部・田部・日置部・□□部・丹比部
（郡未詳）	尾張宿禰2・尾張連2・丸部・守部・荒田井2・笛吹部（→物部）・敢臣

現地出身者が任用され、とくに大領・少領（この両者をとくに郡領とよぶ）は、国造の伝統的権威を継承する地域の有力豪族が勤めていた。

表2をみると、知多郡（推定）以外の三郡では、すべて尾張宿禰、尾張連という尾張国造氏である尾張氏が郡司をつとめていることがわかる。また甚目《はだめ》氏や中嶋氏といった地域の名を冠した連姓の氏族も確認される。八世紀半ばにおいても、こうした伝統的な豪族が、地域の実質的な支配を行っていたことが知られるのである。

なかで、興味深いのは、知多郡（推定）の郡司である。少領は和爾部臣《わにべのおみ》氏で、大和の豪族和爾（和珥とも）氏の部民を統括していた伴造氏族である。和爾氏は、五世紀から六世紀には大和王権の大王家に多くの妃を入れた中央の有力豪族であった。また和爾部臣氏は、壬申の乱で活躍したことも知られる。

知多郡の荷札木簡からも、この地域には圧倒的に和爾部が多いことがわかる。知多郡に関しては、和爾部臣氏の支配力が強かったことが認められるのである。

尾張国に関する文献史料や出土木簡を分析すると、海部・中嶋・春部・山田・愛智の五郡はやはり尾張氏の勢力が強いが、南部の知多郡は和爾部臣氏、北部の葉栗・丹羽はまた違った勢力の存在がうかがえる。尾張国八郡はすべて尾張国造氏の支配が及んでいたわけではないのである。

尾張国正税帳の語るもの　④地域の特産物

正税帳の支出項目のなかには、それぞれの地域が中央に貢進する品々を購入した記録も残っている。項目は国によって異なり、そこから、当時の地域の特産物というべきものを知ることができる。尾張国正税帳の支出項目一覧をまとめると表4のようになる。

これを『延喜式』に規定される尾張国の貢進物と比較してみよう。『延喜式』に規定する尾張国の貢進物は、以下の通りである。

調：両面錦《りょうめんにしき》、冠羅《ら》・鼠跡羅、二窠綾《あや》・三窠綾・七窠綾・薔薇綾、帛、糸、生道塩《いくち》

庸：米・塩、韓櫃

中男作物：麻、紙、黄蘗・紅花、胡麻油、雉や雑魚腊《ほじし》、煮塩鮎、雑魚鮨《すし》（以上、主計式）
贄：為伊《いい》（貽貝）・白貝・蠏蜷《かにな》、雉腊（宮内式・内膳式）
器仗：甲・横刀・弓・征箭《そや》・胡簶《ころく》（兵部式）
交易雑物：絹、油、樽、鹿革・角、稗・胡麻・荏《えごま》の実、海草類
年料別貢雑物：筆、紙麻《しま》、青木香、馬革
蘇《そ》（以上、民部式）
その他、年料雑薬、年料雑器（瓷器《しき》など）、斎宮の酒・酢・醤《ひしお》の甕、大嘗祭の供神雑器

正税帳の記載では、年料雑物（雑徭によって調達）として馬蓑・田蓑・荏・胡麻子・稗子・葟子《みの》・糯米と蘇があり、進上交易物として白貝内鮨・苧《お》・鹿皮・雑鮨（缶入り）・匏《ひさご》がみえる。年料の胡麻・荏は『延喜式』では交易雑物としてみえ、進上交易物の鹿皮は『延喜式』でも交易雑物（正税で交易）である。白貝は贄にみえ、雑鮨は雑魚鮨が中男作物にみえる。

蘇はチーズにような乳製品の一種であるが、『延喜式』民部省の規定では、諸国で六グループをつくり、順番に貢納することになっていた。ちなみに十世紀の『延喜式』段階では、尾張国は、参河国や伊勢国とともに丑・未の年に貢納するグループに属していた。天平六年は戌年なので、この規定とは合わないが、八世紀には、毎年貢納する規定だったのかもしれない。

表4　尾張国正税帳に見える経費一覧

		費　　目	量	支出額（束）
恒常経費	1	…僧沙弥及潜女等食料稲		7596.00
	2	年料舂白米	741斛	14820.00
	3	納大炊寮酒料赤米	259斛	5180.00
	4	番匠16人正粮＋儲粮	165.5斛	3312.00
	5	官奴婢食料米		4800.00
	6	読金光明経并最勝王経供養料稲		30.86
	7	雑任国司・史生食料稲		2477.60
	8	錦并綾生食料稲	56人	598.40
	9	醸酒料		350.00
	10	年料馬蓑	20領	80.00
	11	年料田蓑	100領	50.00
	12	年料荏	4斛	80.00
	13	年料胡麻子	4斛	120.00
	14	年料稗子	5斛	50.00
	15	年料菫子	2斛	40.00
	16	年料糯米	20斛	400.00
	17	進上交易白貝内鮨	1.5斛	30.00
	18	進上交易苧	70斤	210.00
	19	造蘇1.3升用度稲		200.00
	20	進上交易鹿皮	40張	400.00
	21	進上交易募夫料雑鮨	50斛	1666.60
	22	進上交易募夫料雑鮨納缶	152口	152.00
	23	進上交易匏	14口	9.80
	24	錦料紫糸染料紫	11斤	330.00
	25	自陸奥国進上御馬飼糠米	2.193斛	36.60
	26	下上野国父馬秣		25.00
	27	営造兵器用度（挂甲6・横刀鞘16・弓40・箭50・胡禄50・鞆40）価稲		694.40
	28	修理綾綜17具（少宝花有綾文綜2・同無綾文綜3・散花有綾文綜2・同無綾文綜5・少車牙無綾文綜2・礒形無綾文綜3）料糸	16.8斤	990.00
	29	修理堤防…		?
	30	雑掌粮		(53.26)
	31	運雑物夫粮料		(1564.00)
臨時経費	32	8/25民部省符→送斎宮寮米	300斛	6000.00
	33	講説最勝王経斎会三宝并衆僧供養料		353.00
	34	講説最勝王経斎会三宝并衆僧布施料		5220.00
	35	官符→交易馬蓑	35領	140.00
	36	1/13太政官符→樽7口用度（漆・漆を絞る絹・綿・鐶并廻料鉄・着苧）価稲		405.00
	37	6/24太政官符→木賛椀60口料漆	6升	120.00

営造兵器については、挂甲・横刀鞘《さや》・弓・箭・胡禄・鞆《とも》があり、これは『延喜式』兵部省の器杖の規定にほぼ一致する。

また少宝花・散花・少車牙・礒形など複雑な文様を織り上げる綾綜《かけい》（織機具）修理の記載や、錦生・綾生、錦料紫糸の存在は、『延喜式』調の規定にみえる両面錦や二窠綾・三窠綾・七窠綾・薔薇綾などに引き継がれるものであろう。

地域でこうした高級絹織物を作らせて貢納させるシステムは、『続日本紀』和銅四年（七一一）閏六月丁巳条に

挑文師《あやとりのし》を諸国に遣して、始めて錦綾を織ることを教習せしむ

とあって、このときから始まった。翌年七月壬午条には、

伊勢・尾張・参河……等の廿一国をして始めて綾錦を織らしむ

とみえ、尾張国は綾や錦を生産する地域として指定されたのである。

また酒料赤米であるが、これは平城京出土木簡に尾張からの「赤米」「酒米」の荷札木簡があり、尾張国は中央で消費される酒用の米の産地であったことが知られる。

以上のように、正税帳にみえる尾張国の貢納品は、木簡や『延喜式』の規定と一致するものが多い。『延喜式』の税目とは異なるものの、これらの品目が、古代尾張の特産物であったといってよいであろう。

おわりに――尾張国正税帳が語らないもの

さて、断簡とはいえ、尾張国正税帳からはこうして尾張国の古代社会のさまざまな側面がうかがえるわけだが、実は正税帳が「語らない」この時期の尾張国の姿がある。例えば、この地域からは、「瓫《ほとぎの》五十戸《さと》」と記した七世紀の刻書須恵器が数点出土している。

いうまでもないが、この地域は、猿投窯・尾北窯など、古代における須恵器・灰釉陶器・緑釉陶器の一大生産地であった。「瓫五十戸」と記された猿投窯の須恵器は、飛鳥京跡からも出土しており、七世紀後半以来、この地域が中央で消費される須恵器の生産拠点であったことは疑いない。また『延喜式』民部省では、尾張国は長門国とともに、年料の雑器として各種の瓷器を進上することになっていた。瓷器は灰釉または緑釉陶器を指すと考えられるが、『日本後紀』弘仁六年（八一五）正月丁丑条には、尾張国の「造瓷器生」がみえており、伝統的な窯業技術を保有し、かつ生産力の高かった尾張国が、中央で使用される緑釉陶器の生産を担ったことが指摘されている（高橋照彦「平安初期における鉛釉陶器生産の変質」『史林』七七―六、一九九四年）。

このように、尾張国正税帳は、八世紀半ばの尾張国の姿をすべて伝えてくれるわけではないけれども、豊かな経済基盤をもち、伝統的な国造氏族である尾張氏が郡司をつとめていた比較的安定的な社会の様相や、高い織物技術を有し、豊富な雑穀や海産物を中央政府に納入していた地域の実像を垣間見させてくれるのである。

「尾張国造」木簡と書状の世界

廣瀬憲雄

はじめに

二〇一四年一月四日から二月十六日にかけて名古屋市博物館で開催される、特別展「文字のチカラ―古代東海の文字世界―」には、東海地方に関係する文字史料が数多く出品されている。その中でも目を引くのが、冒頭に「尾張国造御前……」と記されている、いわゆる「尾張国造」木簡である。この木簡は、名古屋市熱田区の断夫山古墳を築造したと考えられている東海地方の大豪族、尾張氏（尾張連氏）に関係するものであり、同時に奈良時代初頭の書状形式を伝える史料でもある。本稿では、この「尾張国造」木簡を題材にして、古代東海の文字世界の一端を提示していきたい。

「尾張国造」木簡について

まず、本稿で取り上げる「尾張国造」木簡について述べておきたい。この木簡は、二〇〇〇年七月三日から十一月六日にかけて行われた、平城宮の第三一六次調査で出土した。『木簡研究』二三号（二〇〇一年）や『奈良文化財研究所紀要二〇〇一』に収録されている発掘調査報告によれば、第三一六次調査の調査区は、第一次大極殿院西面回廊の西外郭であり、佐紀池の南側に相当しているのだが、この調査区は、第一次大極殿と平城宮の西面北門（伊福部門）とを結ぶ宮内の主要な軸線上に位置している。

この木簡が出土した遺構は、SD三八二五Aと呼ばれる、幅約一・七m、深さ〇・五mの溝である。発掘調査の結果、SD三八二五Aは第一次大極殿の造営（平城遷都当初）と同時に、宮内の基幹排水路として開削された溝であり、七二〇年代中盤の再整地の段階で新たな溝（SD三八二五B）として掘り直されたことが判明した。また、一九七五年に行われた第九二次調査では、SD三八二五Aと同一と考えられる溝から和銅六年（七一三）の紀年を持つ木簡が出土している。このことから、SD三八二五Aから出土した木簡の年代は、平城遷都当初から七二〇年代中盤までの間と想定することができる。

また、同じSD三八二五Aから出土した木簡の中には、難波津の歌の習書木簡がある。この木

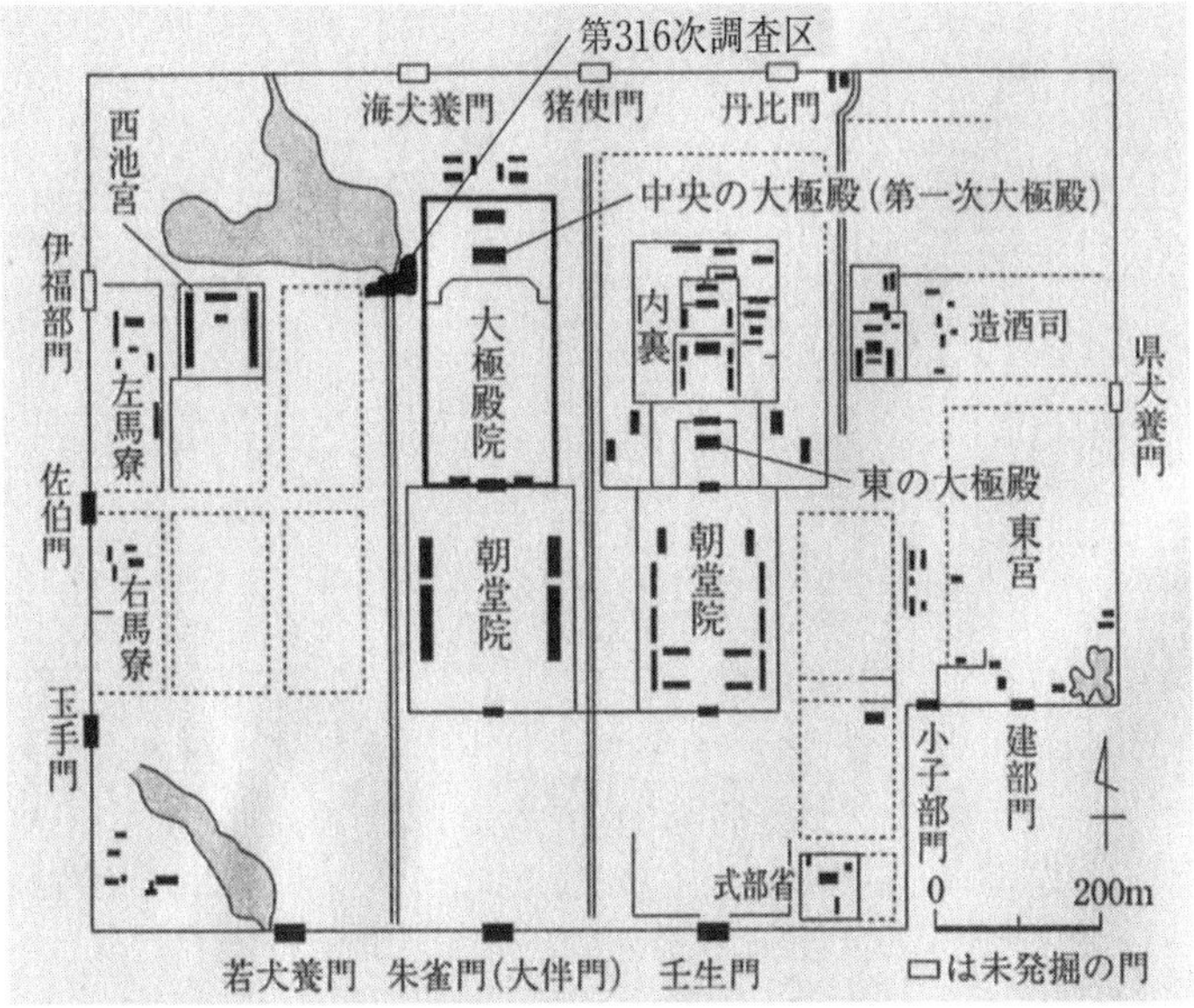

平城宮第316次調査区

（渡辺晃宏『平城京と木簡の世紀』〔講談社、2001〕103頁の図に加筆）

簡は、難波津の歌（難波津に咲くやこの花冬ごもり　今は春べと咲くやこの花）を万葉仮名で記したものであるが、正式な歌会などで使用されたものではなく、官人などが文字の練習として書いたものである。ただし、難波津の歌の下の句まで記しているのは、珍しい事例だということである。

さてこの木簡は、平城宮跡発掘調査の正報告書である『平城宮木簡』七（奈良文化財研究所編、八木書店刊行、二〇一〇年）に、木簡番号一二七四八として収録されている。木簡の釈文《しゃくもん》（判読された文字）は以下の通りである。

（表面）・尾張国造御前謹恐々頓首□

（裏面）・頓　火　火　火頭　布布□

「尾張国造」木簡（『平城宮木簡』七より）

この木簡はヒノキ科の板目材であり、文字を書写した後に、中央部から下を左右から削り、尖らせている。この木簡の裏面は、同じSD三八二五Aで出土した難波津の歌木簡と同様に、習書であることが明白なのであるが、木簡の文字は表裏同筆であり、ある人物が表面を書いて使用した後、別の人物が裏面を習書に利用したということではない。おそらくは、表面も裏面と同様に習書なのであろう。ただし、実際には使用されていないとはいえ、平城宮跡から出土した木簡に「尾張国造」への上申文書が存在していることは、注目すべき事例ということができる。

尾張氏について

それでは、この木簡で「尾張国造」として登場する尾張氏は、どのような豪族なのであろうか。まず、国造《くにのみやつこ》というのは、いわゆる大化改新以前における各地域の有力首長のことであり、大和朝廷は有力首長を国造に任命して各地域における支配権を保証する代わりに、国造を通じて必要な物資や労働力を徴発していた。平安時代初期に成立したとみられる史料ではあるが、『先代旧事本紀』巻一〇・国造本紀には国造の一覧が記されており、その中には「尾張国造」の名も見えている。ただし、同書は尾張氏の国造任命を成務天皇の時とするが、これは史実とみなすことはできない。

この尾張氏が他の地方氏族と大きく異なる点は、尾張草香の娘である目子媛《めのこひめ》が継体の妃であり、所生の勾大兄《まがりのおおえ》・檜隈高田《ひのくまのたかた》両王子《みこ》が安閑・宣化として即位していることである。五世紀末から六世紀初頭にかけて、大和朝廷では王位をめぐる争いが激化した結果、正統な王位継承者が武烈を最後に消滅してしまう。そこで、応神五世の孫とされる五十八歳の継体が越前から大伴金村により擁立され即位し、武烈の姉である手白香王女《たしらかひめみこ》を正妃とすることになるのだが、『日本書紀』では目子媛は「元妃」と記されており、しかも所生の二王子が即位しているので、目子媛は越前時代の継体の正

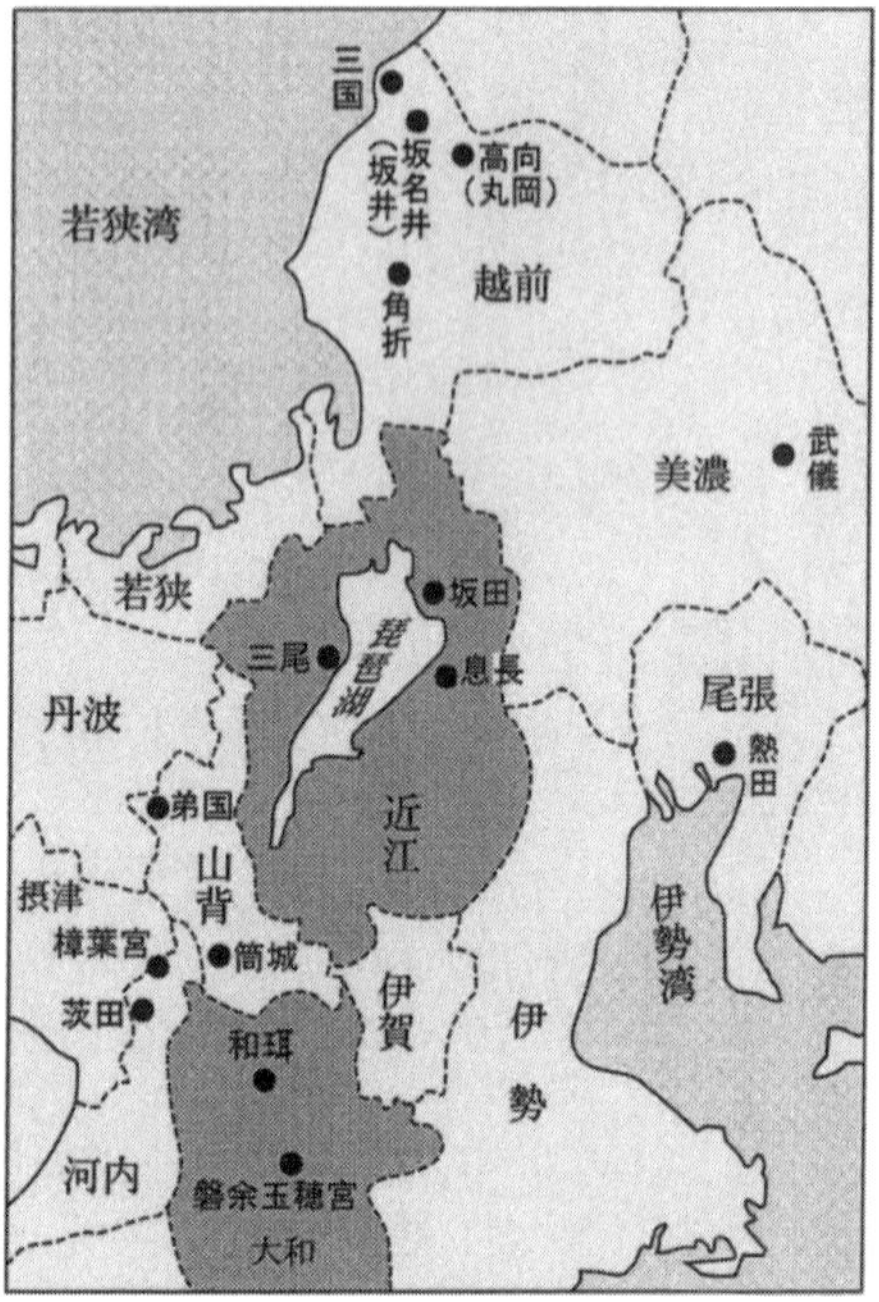

継体関係地図（『新修名古屋市史』第１巻、506 頁）

妃ということになる。また、宣化の王女石姫は、継体と手白香の間に生まれた欽明の正妃となり、敏達を生んでいるので、尾張氏の血筋は、女系を介してこれ以降の大王家とも深く関係していたのである。

ところが尾張氏は、安閑・宣化の外戚という地位にもかかわらず、蘇我氏や藤原氏のように中央政界で重きをなしたわけではない。安閑二年（五三五）に尾張国の間敷《ましき》（諸説あり所在地不明）・入鹿屯倉《みやけ》（犬山市の入鹿池近辺とされる）など、全国に二十六の屯倉を設置したのに続き、翌宣化元年（五三六）には、尾張氏は宣化の命を受けた大臣の蘇我稲目から、「尾張国屯倉」の穀を筑紫の那津《なのつ》の官家《みやけ》に運ぶよう指示されているが、これ以後の尾張氏に関する史料は、天武朝の八色《やくさ》の姓《かばね》の記事まで存在していない。新井喜久夫氏は、内廷に勤務する氏族には尾張氏と同祖のものが少なくないことから、六～七世紀に尾張氏が内廷で有力な地位を築いていたことを想定しているのだが（『新修名古屋市史』第一巻、四九五～四九七頁）、尾張氏に関する史料が見られなくなる以上、残念ながらこの想定を確実に裏付けることはできない。

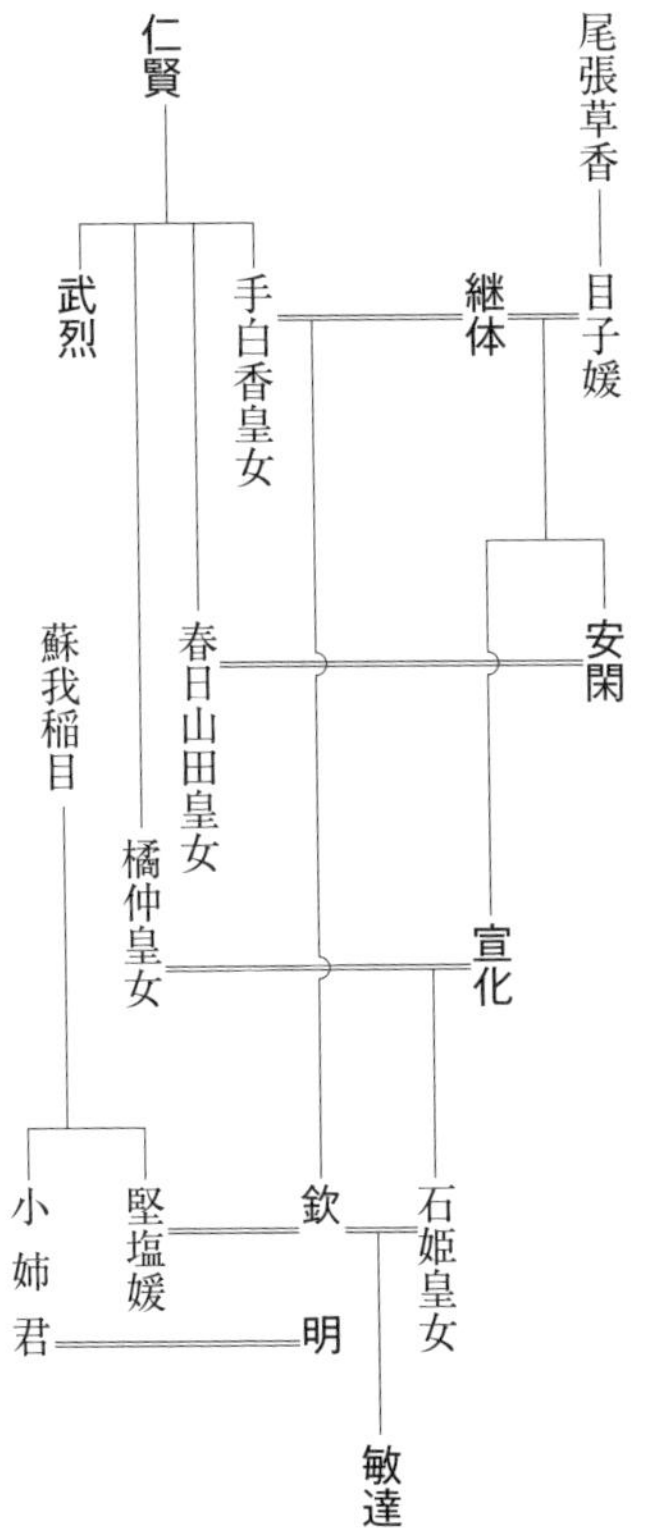

継体関係系図
（『新修名古屋市史』第1巻、507頁）

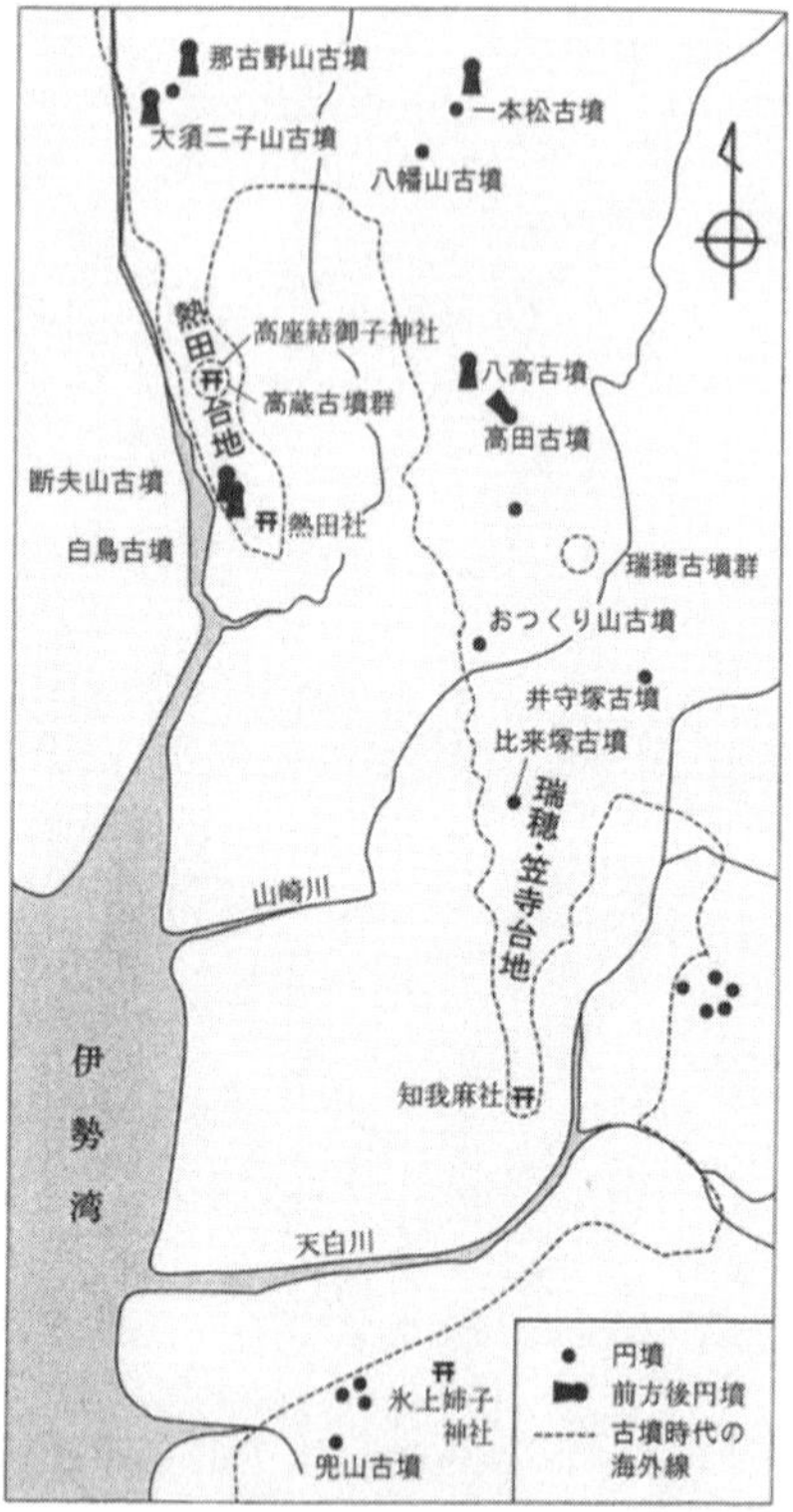

古墳時代の熱田周辺
（『新修名古屋市史』第1巻、487頁）

断夫山古墳と尾張氏

尾張氏が築造したと考えられているのが、名古屋市熱田区にある断夫山古墳である。尾張南部の地形は、半島状に伸びる熱田台地と瑞穂・笠寺台地に挟まれる形で年魚市《あゆち》潟の入り江があり、古墳時代の海岸線は現在よりも相当奥にまで入り込んでいたと思われる。断夫山古墳は熱田台地の南西端、標高一〇mの地点にあり、全長約一五〇m、後円部径約八〇mである。東海地方最大の前方後円墳であり、尾張氏の祀る熱田社の近隣に位置することから、尾張氏の墓と推定されている。

断夫山古墳と熱田球場（文化財ナビ愛知のウェブサイトより）

断夫山古墳に行くのであれば、最寄り駅は地下鉄名城線の神宮西駅、もしくは西高蔵駅となるのだが、熱田台地・熱田社との位置関係を実感するために、名鉄神宮前駅もしくはJR熱田駅から歩くことをおすすめしたい。断夫山古墳の標高は一〇ｍであるが、JR熱田駅の標高は約三ｍであるので、標高差を体感できるはずである。地下鉄神宮西・西高蔵両駅に着いてしまうと、最初から熱田台地の上に出てしまい、標高差を体感できないのである。

断夫山古墳の築造年代は、出土遺物から六世紀初頭と判断されている。継体の即位が五〇七年と伝えられているので、年代的には目子媛を起点とした尾張氏と大王家の婚姻関係が最も有効に機能した時期ということになる。おそらく、被葬者は尾張国造として権勢を振るい、屯倉の管理権も有していた尾張氏の当主なのであろう。近隣にある白鳥古墳（全長約七四ｍ、六世紀初頭の築造）も、尾張氏の墓と考えて差し支えないと思われる。

「尾張国造」木簡と書状

それでは、本題である「尾張国造」木簡の解釈に入りたい。木簡の表面は、「尾張ノ国造《くにのみやつこ》ノ御前ニ謹ミテ恐々頓首《きょうきょうとんしゅ》……」と読み下すことができる。このうち、「尾張ノ国造」については、前述した尾張氏のこととみなして問題ないであろう。では、続く文章は、どのように解釈すればよいのであろうか。

まず、「尾張ノ国造」に続く「御前ニ」であるが、「尾張国造」木簡の年代が八世紀初頭であることを考えれば、単なる敬称というよりは、中国の南北朝時代の書状に起源を持ち、日本では七世紀末から八世紀初頭にかけて多く出現する、いわゆる「前白」形式との関係を考えなければならないであろう。

「前白」形式とは、東野治之氏が「木簡に現われた『某の前に申す』という形式の文書について」（同『日本古代木簡の研究』塙書房、一九八三）で指摘した通り、主に木簡に見られる形式であり、例えば「卿等ノ前ニ恐々謹ミテ解《もう》ス」（卿等前恐々謹解□（寵カ）、『藤原宮木簡』一、木簡番号八）のように、冒頭が「○○ノ前ニ白《もう》ス（解《もう》ス）」となる形式である。この形式は上申文書であるので、宛《あて》所《どころ》に敬意を払う目的で「謹ミテ」や「御」を付すことが多く、実際に「尾張国造」木簡でも、「白《もう》ス」に相当する部分は見られないのだが、「謹ミテ」や「御」の語は付されている。また「前白」形式そのものに関しては、今回の特別展に、飛鳥池遺跡出土の「官ノ大夫ノ前ニ白ス」木簡が出品されていることを付記しておく。

この「前白」形式は、前述のように中国の南北朝時代の書状に起源を持つのであるが、実は同様の表現が、サンスクリットで起草されたと想定できる書状の中にも存在することに注意してみたい。『梁書』巻五四・海南諸国伝狼牙脩国《ランカスカ》（現在のマレーシア）条には、狼牙脩国王が梁の武帝に宛てた外交文書が収録されているのだが、その中には「大吉天子ノ足下ニ敬礼ス」（敬礼大吉天子足下）

という表現が見えている。この表現は、インド式の礼法である五体投地（両手・両膝・額の五点を地に着けて、相手に敬意を払う礼法）を前提として、狼牙脩国王が梁の武帝の足元で五体投地を行い敬意を表明する、ということを意味している。同様の表現は、狼牙脩国以外から南朝の皇帝に出された外交文書の中にも多く見出すことができるので、「前白」形式の直接の起源は中国の南北朝時代の書状だとしても、「宛所の御前《おんまえ》に申し上げる」という書状の形式自体は、広く存在していた可能性も考えられるのではないだろうか。

続いて、「謹ミテ」に続く「恐々頓首」であるが、これは書状ではよく登場する語句である。日本人になじみの深い書状の表現は、末尾で使用される「恐々謹言」であろうが、この表現が登場するのは十世紀以降であり、「尾張国造」木簡の時代である平城遷都当初では使用されていない。その代わり、同じ奈良時代の史料である正倉院文書の書状の中には「恐々謹啓」という表現が多く見られているので、「恐々」という表現に関しては、日本の書状としては特に違和感のないものといえる。

ところが、問題となるのは、「恐々」も「頓首」も、一般的な漢文書状としては違和感のある表現ということである。まず「恐々」に関しては、類似の表現として、上表文の末尾には「某誠惶誠恐、頓首頓首、死罪死罪、謹言」とあることが多いのだが、「恐々」という表現は見当たらない。もちろん、この表現が「恐惶謹言」および「恐々謹言」と関係するのであろうことは容易に想定できるのであり、それを裏付けるように、正倉院文書の書状にも「誠恐誠惶謹啓」という表現が存在するのであるが、現在のところでは、いずれかの段階で表現の日本化が図られた、という程度にとどめておきたい。

次に「頓首」に関しては、漢文書状でも確かに使用されるのだが、唐代の「頓首」は凶儀（身内に不幸が発生した場合の礼式）でのみ使用されており、吉儀（通常の礼式）では使用されていない。つまり、書状で「頓首」が使用されている場合は、差出《さしだし》か宛所の少なくとも片方の身内に不幸があるという状況を想定しなければならないのである。

ただし、この「頓首」に関しては、なぜ日本では吉儀で使用されているのかという問題に対して、二つの回答を用意することができる。一つ目は、唐代では「頓首」は原則として凶儀にしか使用されていないが、南北朝時代には吉儀でも使用されていたということである。前述の「前白」形式が、中国南北朝時代の書状の形式に由来することからすれば、平城遷都当初の「尾張国造」木簡で「頓首」が使用されているのは、同じく南北朝時代の書状の表現に基づいたと考えることが可能である。二つ目は、そもそも古代の日本は、中国のように吉儀と凶儀を厳格に区別しておらず、凶儀の使用は部分的にとどまるということである。中国の場合、吉儀と凶儀は書状の体系としては全く別のものであり、多くの書儀（書状の模範文例集）では、吉儀一巻・凶儀一巻というように、巻を分けて記載されているのであるが、日本では凶儀の礼式を体系的には導入していない。そのため、日本では吉儀・凶儀の別を問わず、中国の書状で使用されている表現を模範として取り入れたと考えることもできる。

「尾張国造」木簡の書写者

では、この「尾張国造」木簡は、どのような人物が書写したのであろうか。もちろん具体的な人名は不明なのであるが、裏面の習書に「火頭《かとう》」とあることに注目したい。軍防令十二・兵士向京条には、「凡ソ兵士ノ京ニ向カフヲ衛士《えじ》ト名ヅク。火《か》別ニ白丁《はくてい》五人ヲ取リテ火頭ニ充テヨ。辺ヲ守ルヲ防人《さきもり》ト名ヅク」とあり、衛士一火《か》（十人）ごとに「火頭」五人が一般公民から選ばれて配属されることが見えている。この「火頭」とは、賦役令《ぶやくりょう》二十六・役丁条の注釈によれば廝丁《しちょう》（炊事夫）のことであり、火を使用して炊飯するから「火頭」と称するということである。火頭は衛士以外にも丁匠《ちょうしょう》（労役に赴いた公民）にも配属される（ただし、十人に一人の割合）ので、「火頭」という文字を習書した人物としては、何らかの軍役・労役が課せられた尾張国の公民を想定することができる。そして、この「尾張国造」木簡が平城宮跡から出土している以上、書写者は平城京に赴いた人物ということになるであろう。

ここで問題となるのは、書写者が一般公民だとすると、そもそも尾張国造（尾張氏の当主）に対して直接書状を出すことができるのかということである。一般公民であれば、普通は官位はないのだが、天平十九年（七四七）に尾張国造に就任した尾張小倉は従五位下（国造就任と同時に従四位下叙任）であるように、尾張国造は貴族の一員である。実際に「尾張国造」木簡のような書状が書かれたとしても、業務上の何らかの統属関係でもない限りは、尾張国造が一般公民の書状を直接受け取ることは考えにくい。

ところが、正倉院文書の中（続々修第三九帙一裏、華厳経講師等交名案《きょうみょうあん》并《ならびに》僧護勝《ごしょう》状案。『大日本古文書』一八、三九二〜三九三頁）には、実際に送付されたとは考えられない書状の習書が存在しているのである。興味深い事例であるので、以下にその冒頭部分を提示しておく。

日本国ノ学生護勝、書ヲ大唐国ノ内相・味公ノ庁ニ貢《たてまつ》ル。……

この文書は、「日本国ノ学生」である僧・護勝が、大唐国の「内相・味公ノ庁」に宛てた書状である。つまり、遣唐使で入唐した留学僧が唐の宰相に宛てた書状ということになるのだが、この文書は正倉院文書に残されているものであるから、日本で書かれたものであり、遣唐留学僧が唐で作成した書状の下書きではありえない。実際に遣唐留学僧に任命された人物が日本で書いた可能性はあるのだが、その場合でも実際の必要に迫られていたわけではない。いわば「仮想現実」の書状なのであるが、本文は四六騈儷文《しろくべんれいぶん》（四字ないし六字の対句表現で構成される、流麗かつ難解な文章）で綴られており、全くの架空のものということはできない。「尾張国造」木簡の習書も、この文書のように仮想現実を想定した書状といえるのではないか。

おわりに

以上、「尾張国造」木簡からうかがうことができる、古代の東海地方と文字社会について述べてきた。この「尾張国造」木簡が出土した平城宮の第三一六次調査は、第一次大極殿の復元整備計画に伴う学術調査であるが、その第一次大極殿は、平城遷都一三〇〇年に当たる二〇一〇年に平城宮跡に復元されている。奈良に行く機会がある方は、第一次大極殿の威容に注目するだけではなく、その傍らから「尾張国造」木簡が出土しているということも、ぜひ心にとどめておいていただきたい。

復元された第一次大極殿（2013年8月撮影）

『和名類聚抄』にみる東海の古代地名

北川和秀

はじめに

地名の中には、なぜそう読むのか理解に苦しむようなものが少なからずある。それらの地名には、本来は表記と読みとは一体だったのに、何らかの事情で表記が変わったり、読みが変わったり、あるいは両方とも変わったりした結果、表記と読みとが一致しなくなって難読地名となったものが多かろうと推測される。

『魏志倭人伝』等の中国文献においては、外国語である日本の地名、人名、官職名を表記するに当たって、漢字の字音を借りて表記するという方法が採られた。たとえば、「伊都国《いと》」「奴国《な》」「卑弥呼《ひみこ》」「卑奴母離《ひなもり》」などのようにである。漢字は表意文字（あるいは表語文字というべきか）であるので、個々の漢字には意味があるが、その意味は無視して、音のみを借りるという方式である。まだひらがなもカタカナも発明されていない時代の日本人も、日本語を表記するための文字は漢字しかなかったので、固有名詞の表記は、こういった中国の方式に倣った。五世紀の頃の地名表記は「意《お》柴《し》沙《さ》加《か》宮」（隅田八幡宮人物画像鏡銘）、「斯《し》鬼《き》宮」（稲荷山古墳出土鉄剣銘）のように借音表記でなされている。

やがて時代が降るにつれて、個々の漢字の訓が定着すると、地名にも訓字が用いられるようになる。地名の意味や由来に合わせた文字が選ばれることもあるが、地名の意味が既によく分からなくなってしまった場合などは、適当な訓字を宛てることも行われたであろう。また、引き続き字音仮名も用いられている。七世紀後半の天武朝に至ると、ある程度まとまった数の木簡が見つかっているので、出土木簡によって当時の地名表記の傾向を知ることができる。天武朝木簡における評・五十戸・里名を整理すると次のようになる。(1)「評」というのは大宝元年（七〇一）以降の「郡」に相当する行政単位であり、「五十戸」や「里」は霊亀三年（七一七）(2)以降の「郷」に相当する行政単位である。

字音仮名表記地名	訓字表記地名	音訓交用表記地名
二七（二五・〇%）	六七（六二・〇%）	一四（一三・〇%）

一字表記地名	二字表記地名	三字表記地名	四字表記地名
一〇（九・三％）	八八（八一・五％）	九（八・三％）	一（〇・九％）

このように、天武朝には地名表記はすでに訓字表記が中心になっていた。それだけ個々の漢字の訓が定着し、日本人もかなり漢字を使いこなせるようになっていたことを窺い知ることができる。また、地名の文字数は二字が圧倒的に多い。表記の実際を見ると、二音節地名は字音仮名二字で表記することが多く、三音節以上の地名（これが多い）は訓字二字で表記することが多いので、巧まずしてそのような結果になったものであろう。

大宝以後、行政地名の表記を二字に統一する動きが出た。まず大宝年間(3)に国名表記が漢字二字に統一され、平城遷都の頃(4)に郡名や里名についても表記二字化の指示が出された。郡里（郷）名もある程度の年月を要して二字に統一されるに至った。平安前期の『和名類聚抄』（以下、「和名抄」という）所載の地名は見事に二字に統一されている。

当時の朝廷がなぜ地名表記の二字化にこだわったのかは明らかではないが、中国の地名が基本的に二字であることを強く意識した結果ではないかと推測する。大宝律令の施行も、藤原京・平城京という恒常的な都の建設も、最初の正史である日本書紀の編纂も、いずれも中国を強く意識してのものであろう。そのような時代背景において、一字の地名や三字以上の地名は垢抜けないものと感じられたのではないだろうか。

二字化と共に、地名表記に当たっては、良い文字を選ぶことも求められた。次のような史料がある。

①制すらく。畿内七道諸国の郡郷名は、好《よ》き字を着けしむ。

（制。畿内七道諸国郡郷名、着好字。）　（『続日本紀』和銅六・五・二）

②凡そ諸国の部内の郡里等の名は、並に二字を用ゐ、必ず嘉《よ》き名を取れ。

（凡諸国部内郡里等名、並用二字、必取嘉名。）　（『延喜式』民部上）

このようにして実現した地名表記二字化であるが、それまでは字数については何の制約もなく自由に表記していた全ての地名を二字化するとなると、中にはかなりの無理を押して二字化した表記も存在する。それらにおいて、地名の表記と読みとが合致せず、難読地名になったケースがある。こうした地名表記の変遷を知る上で貴重な資料が木簡と和名抄である。木簡の中には年号の記載があって年代が明確なものがあり、年号の記載はなくても出土遺跡によってある程度の年代の幅が推定できるものもある。木簡は、書かれた当時の文字が残っている点が非常に貴重である。一方の和名抄は、九世紀の国名・郡名・郷名が網羅的に記載されている点、訓が付いている地名が含まれている点が貴重である。ただ、和名抄の原本が今に伝わっているわけではなく、後世の写本しか残っていないので、それらの写本を比較検討することが必要になる。

本稿では、和名抄に記載された東海の古代地名の中から、和名抄と木簡とを主な資料として、表記や読みの点で興味深い例を紹介する。「東海」は、律令時代の五畿七道の一つである「東海道」や、江戸時代の五街道の一つである「東海道」に由来する地域名であるが、現代では愛知・岐阜・三重の三県を対象に「東海三県」と呼んだり、それに静岡県を加えて「東海四県」と呼ぶことが一般的なようである。『日本国語大辞典　第二版』の「とうかいちほう【東海地方】」の項には「本州中央部の太平洋側の地方。一般に静岡・愛知・三重の三県と岐阜県南部を含む。北陸地方・中央高地（東山地方）に対応する地方名として用いられる」とあり、岐阜県は全県ではなく南部に限定している。「南部」というのがどこを指すのかは明らかではないが、旧国名の美濃は含むが飛騨は含まないということであろうか。確かに、美濃・飛騨は五畿七道の東海道所属ではなく東山道所属であり、特に飛騨は海から遠いので、飛騨まで「東海」の範囲に含むのには抵抗感もある。そこで、本稿では、「東海」の範囲を旧国の伊賀・伊勢・志摩・尾張・三河・遠江・駿河・伊豆・美濃の九ヶ国とした。岐阜県の飛騨地方を除外した他、三重県のうちの南部は紀伊に属するので、この地域も除外されることになる。

和名抄の諸本

和名抄には十巻本と二十巻本とがある。このうち郡郷名の部門があるのは二十巻本のみであるので、二十巻本についてのみ触れる。

二十巻本の主な写本には次のようなものがある。

a古活字本　元和三年（一六一七）刊。那波道円が校訂刊行したもので、流布本の祖。
b大東急記念文庫本　室町中期の写。大東急記念文庫蔵。
c名古屋市博物館本　永禄九年（一五六六）写。名古屋市博物館蔵。
d高山寺本　平安末期の写。天理図書館蔵。

これら四本は、Aグループ（ab）とBグループ（cd）との二類に分けられる。
国郡部に関しては、両グループは構成が大きく異なる。Aグループは、まず五畿七道別に国名を列挙した国名部があり、国名の読みはそこに記される。その後に国別に郡名を列挙した郡名部が続き、そこに各国のデータや郡名の読みなどが記述される。そして最後に、郡別に郷名を列挙した郷名部が置かれている。重層的で丁寧な構成ではあるが、情報の集約度は低い。これに対して、Bグループには郷名部しかなく、そこに各国のデータや郡名の読みなども集約されている。Bグループの方が一覧性が高く、合理的な構成と言えよう。

例としてAグループから古活字本の国名部と大東急記念文庫本（以下「東急本」と略称する）の郡名部・郷名部の一部、Bグループから名古屋市博物館本（以下「名博本」と略称する）の一部の図版を次ページに示す。

また、Aグループでは、郡の下には固有名詞の郷名の他に、固有名詞ではない「駅家」「神戸」「余戸」「郡家」「浮囚」などの郷も記載されている。Bグループのうちの名博本ではこれらのうちのいくつかを載せず、高山寺本では大部分を載せていない。その有様を本稿で扱う東海九ヶ国について示せば上の表のようになる。

	駅家	神戸	余戸	郡家
古活字本	二四	一四	六	三
東急本	二四	一四	六	三
名博本	一六	八	四	二
高山寺本	一	一	○	○

古活字本と東急本とは完全に一致し、出入りがない。名博本はいずれもほぼ三分の一程度が省略されている。高山寺本には駅家（遠江国浜名郡）と神戸（伊賀国伊賀郡）の記載が一例ずつあるが、これは、本来は全て削除するはずが、この二例のみ見落として残ってしまったのであろう。名博本における中途半端とも言

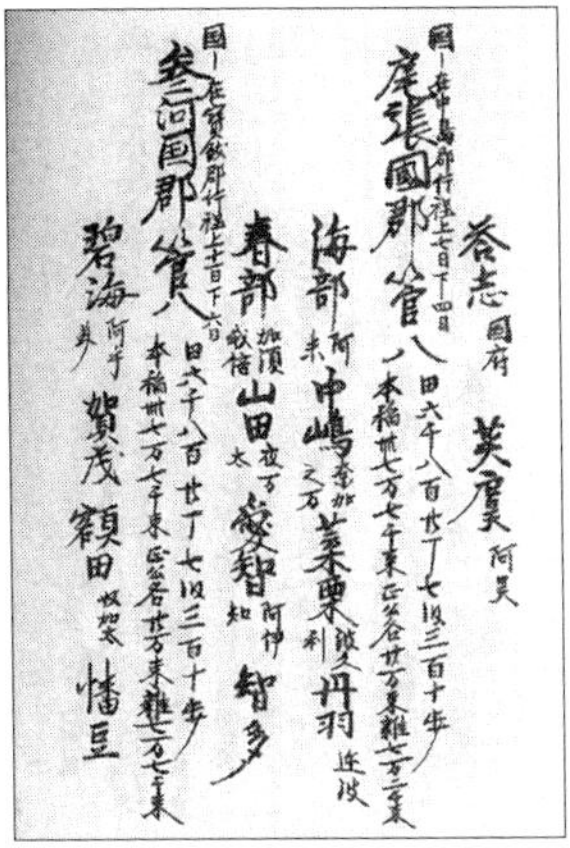

東急本郡名部から（同）

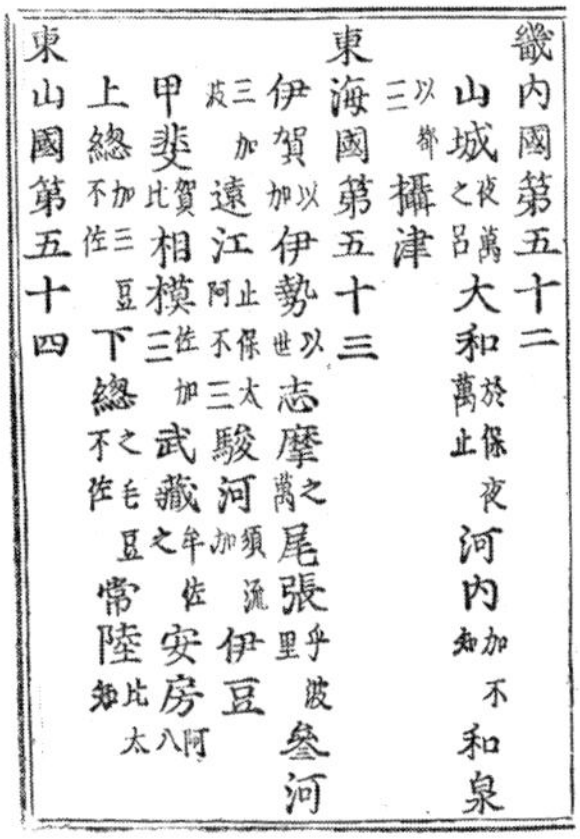

古活字本国名部から
（『倭名類聚鈔』正宗敦夫編）

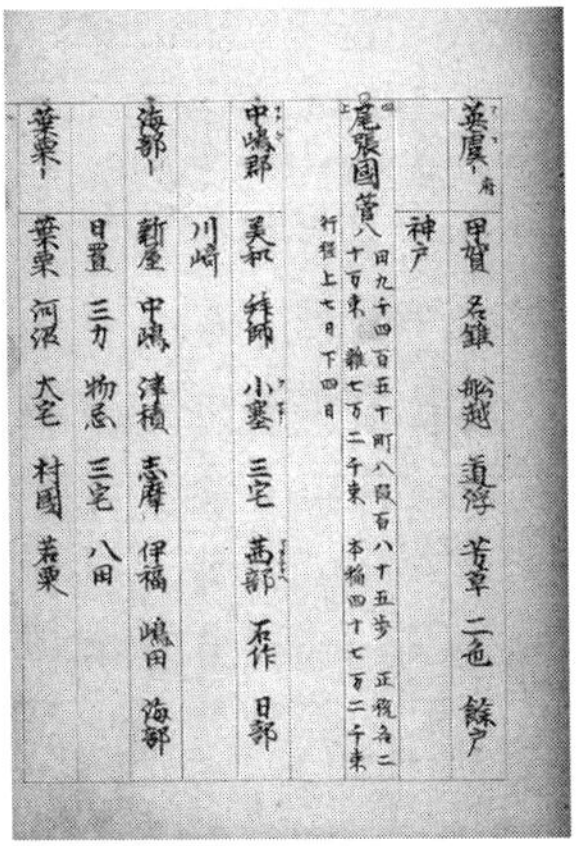

名博本から
（『和名類聚抄』名古屋市博物館
資料叢書二）

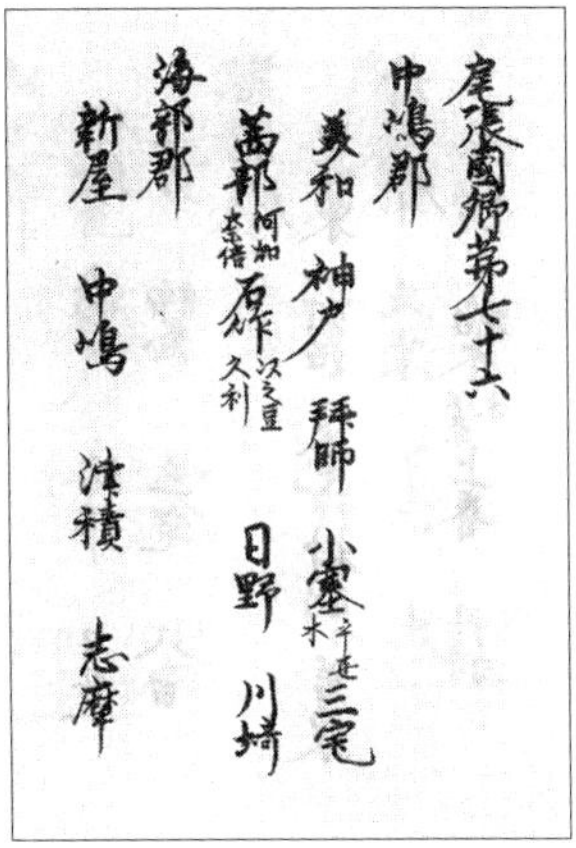

東急本郷名部から
（『古写本和名類聚抄集成』
馬渕和夫編）

える状態の由来はよく分からない。今後の課題としたい。

郡名・郷名の読みは、Aグループでは万葉仮名でなされており、その附訓状態は仮名字母も含め、古活字本・東急本でよく一致している。Bグループにおいては、高山寺本は郡名はカタカナ、郷名は万葉仮名で附訓されており、附訓状況は仮名字母も含め、Aグループと共通するものもあれば、異なるものもある。名博本の附訓は郡名も郷名も共にカタカナである。附訓状況は高山寺本と共通性が高い。高山寺本と名博本とに見えるカタカナ訓は、本来は万葉仮名であったものをカタカナに変更したものであろう。

以上挙げたような国郡部全体にわたる事項の他、この四本を対校してゆくと、郡郷名の排列や文字の異同などについて、古活字本と東急本との親近性、名博本と高山寺本との親近性は明らかであり、四本がAB二系統に分けられることは明白である。

和名抄における東海地方の郡郷名

以下、和名抄における東海地方の郡郷名の表記や読みの中から興味深い例を分類して挙げてゆく。附訓は〈 〉を付けて示した。

a 和名抄の本文異同に関するもの

①伊勢国度会郡箕曲郷（郷名表記は古活字本・東急本「箕曲」、高山寺本・名博本「箕田」。訓はAグループと高山寺本〈美乃和〉、名博本〈ミノタ〉）

Aグループは表記と訓とが一致しており、また『神鳳鈔』に伊勢国度会郡の郷名として「箕曲郷」がみえることから、この本文・訓が本来のものと考えられる。Bグループの「箕田」は、「曲」と「田」とが似ていることから生じた誤写であろう。高山寺本は郷名表記は誤写を起こしながら、訓の方は本来の姿を留めている。これに対し、名博本は誤写を起こした郷名表記に合うように訓を変更している。厳密に言えば、高山寺本と名博本とにおけるこのような状態は、それぞれこの二本の書写の段階で生じたものか、その親本の段階ですでにそうなっていたものかは明らかでない。以下同様である。

②伊豆国田方郡直見郷（郷名表記は四本とも「直見」。訓は古活字本・東急本〈多々美〉、高山寺本〈多久美〉、名博本〈タシミ〉）

郷名表記と訓との一致という点から、Aグループが本来の姿であると考えられる。訓の二字目、「々」「久」「シ」の相違は、筆文字で「ゝ」「久」「之」の三文字が近似していることから生じた誤写と推測される。写本においてこの三文字はしばしば相互に誤写を起こす。名博本の「シ」は、この写本の祖本の段階では万葉仮名で「之」と表記されていたであろうことを推測させる。

③遠江国長上郡茅原郷（郷名表記は四本とも「茅原」。訓は古活字本・東急本〈加波良〉、高山寺本〈知波良〉、名博本〈チハラ〉）

郷名表記と訓との一致という点からは、Bグループの〈知波良（チハラ）〉が本来のものであると考えられる。Aグループの〈加波良〉は、「知」「加」の字形の近似によって生じた誤写であろう。

④三河国宝飫郡篠束郷（郷名表記は四本とも「篠束」。訓は古活字本・東急本〈之乃都加〉、高山寺本〈之乃豆加〉、名博本〈サ、ツカ〉）

「篠」を名博本以外の三本は「シノ」と読んでいるが、名博本のみは「ササ」と読んでいる。名博本の親本では訓が失われていたので独自に「ササ」と読んだのであろうか、あるいは「シノ」の訓を不可と判断して「ササ」と改めたのであろうか。両方の可能性があろうかと思われる。

⑤尾張国中島郡茜部郷（郷名表記は四本とも「茜部」。訓は古活字本・東急本〈阿加奈倍〉、高山寺本〈阿加祢倍〉、名博本〈アカネナヘ〉）

「茜」の表記からは高山寺本の「アカネベ」が妥当と思われる。Aグループの「アカナベ」は後世の音韻変化の結果であろうか。「アカ」の母音がいずれもａであるので、ｎｅがそれに影響されてｎａに変わったと考えれば説明は付こう（ａｋａｎｅ→ａｋａｎａ）。いわゆる順行同化である。名博本の〈アカネナへ〉は、「ネ」の脇に異文注記の「ナ」が書かれていた（たとえば〈アカネ《ナ》へ〉のように）のが書写の過程で訓の本文に混入したものと推定される。

b古い読みを伝える訓

①三河国宝飫郡（郡名表記は古活字本「宝飯郡」、他の三本は「宝飫郡」。訓は古活字本・東急本〈穂〉、名博本〈ホヨ〉、高山寺本ナシ）

　石神遺跡から「三川穂評穂里穂部佐」（荷札集成五四）と記した木簡が出土している。「評」とあるので、大宝以前の木簡である。この評（郡）名は、「ほ」という一音節地名ということになる。この地名を二字化しなくてはならなくなり、「ほ」を字音仮名に改め、それに続けて「ホ（Fo）」の母音oを字音仮名で付加して「宝飫」の表記が生まれた。訓みは「ホオ」ではなく「ホ」のままで変わらなかったであろう。Aグループの〈穂〉という訓は、本来の読みを伝えている。一音節地名を二字化するに当たって採られたこういう手法は、国名における「紀伊国」や、郡郷名における「紀伊郡」（山城国）、「基肄郡」（肥前国）、「囎唹郡」（大隅国）、「都宇郡」（備中国）、「都宇郷」（安藝国沼田郡）、「肥伊郷」（肥後国八代郡）、「由宇郷」（周防国玖珂郡）など、主として西日本に同類と思われる例を見出すことができる。[5]「宝飫」という文字の選択に当たっては、「飫」には「飽きる」「満足する」という意味があるので、「宝飫」には嘉字意識が伺われる。しかし、「飫」は余り用いられない文字であるせいか、後世、形の似た「飯」の字に誤られ、訓みも、文字に引かれて「ホイ」と変わるに至った。

②伊勢国三重郡葦田郷（郷名表記は四本とも「葦田」。訓は古活字本・東急本〈安之美多〉、名博本〈アシタ〉、高山寺本ナシ）

「葦田」を「アシミタ」とは読めないが、延喜式神名帳には伊勢国三重郡の項に「足見田神社」を載せる。また、飛鳥池遺跡南地区から「□□（見カ）田五十戸」（飛鳥藤原京一—二四）と記した木簡が出土しており、一字目は「葦」の可能性があるとのことで、全体は「葦見田五十戸」の可能性がある。この木簡は文字に不明確な部分があり、どこの国のものかも明らかではないので参考に留まるが、神名帳の例は伊勢国三重郡の神社であるから、葦田郷との関係が推測される。この郷名は「アシミタ」という名で、古くは「足見田」「葦見田」などと記されていたのが、二字化によって「葦田」と表記されることになったのであろう。表記は「葦田」でも、読みは従来通り「アシミタ」のままであり、和名抄のAグループの訓はその読みを反映するものと考えられる。名博本の訓は表記に合わせた読みとなっている。

③遠江国蓁原郡勝田郷（郷名表記は四本とも「勝田」。訓は古活字本〈加都萬多〉、東急本〈加都万多〉、名博本〈カツマタ〉、高山寺本〈加知末多〉）

これも「勝田」を「カツマタ」とは読めないが、藤原宮跡東面北門から「備前国勝間田郡勝

□田里」（藤原宮三―一一八〇）と読める可能性のある木簡が出土しており、和名抄では、こちらの勝田郷に高山寺本〈加豆末太〉、名博本〈カツマタ〉の訓を付す。これは備前国（のちに国が分割されて、和名抄では美作国）の例であり、本項で取り上げている遠江国とは全く別の地ではあるが、参考にはなる。本項の遠江国蓁原郡勝田郷も、古くは「カツマタ」という名で「勝間田」などと表記していたのが、これまた二字化によって、読みはそのままに、表記のみが「勝田」となったのであろう。和名抄諸本の訓はその訓を反映するものと考えられる。

④尾張国海部郡（郡名表記は四本とも「海部」。訓は古活字本・東急本〈阿末〉、高山寺本〈アマヘ〉、名博本ナシ）

飛鳥京跡苑池遺構から「戊寅年十二月尾張海評津嶋五十戸」（荷札集成二二）と書いた木簡が出土している。「戊寅年」は天武七年（六七八）にあたる。また、平城宮内裏西南隅外郭から「尾治国海郡嶋里人」（平城宮七―一一三〇一）と書いた木簡が出土している。これらから、この評名（郡名）はかつては「海」一字であったことが知られる。読みは「あま」であろう。それを二字化するに当たって、「部」字を加えて、「海部」とした。そのように表記が変わっても読みは変わらない。

万葉集に「海部」は十五例見えるが、「御食《みけ》つ国志摩の海人《あま》ならし（志麻乃海部有之）ま熊野の小舟に乗りて沖へ漕ぐ見ゆ」（巻六・一〇三三）、「藤波を仮廬に作り浦廻《うらみ》する人とは知らに海《あ》人《ま》とか見らむ（海部等可見良牟）」（巻一九・四二〇二）などのように、十五例すべて「あま」と訓まれている。「海郡」と書いても「海部郡」と書いても、訓みは「あまのこほり」で変わらないことから、「部」字を加えることで二字化したのであろう。和名抄のAグループはその訓を反映しているが、高山寺本の〈アマヘ〉は表記に合わせている。

c 音韻変化した形の訓

①尾張国愛智郡（郡名表記は四本とも「愛智郡」。訓は古活字本・東急本〈阿伊知〉、高山寺本・名博本ナシ）

平城京二条大路濠状遺構から「尾張国阿□（由カ）市郡」（城二四―二四）と書いた木簡が出土している。また、万葉集に「桜田へ鶴《たづ》鳴き渡る年魚市潟《あゆちがた》（年魚市方）潮干にけらし鶴鳴き渡る」（巻三・二七一）という歌があり、この郡名は「アユチ」であったと考えられる。それが二字化によって「愛智」と表記されることになった。この表記で「アユチ」と読んだのであろうが、和名抄のAグループにおいては、表記通りに「アイチ」と読まれている。

②三河国宝飫郡度津郷（郷名表記は四本とも「度津」。訓は古活字本〈和多無都〉、東急本〈和多无都〉、高山寺本・名博本ナシ）

本来の訓は「ワタリツ」であったのだろうが、撥音便で「ワタンヅ」となったものであろう。和名抄のAグループはその訓を反映している。

③伊勢国安濃郡建部郷〈郷名表記は四本とも「建部」。訓は古活字本〈太介無倍〉、東急本〈太介无倍〉、高山寺本〈多計倍〉、名博本〈タケヘ〉〉

本来の訓は「タケルベ」であったのだろうが、撥音便で「タケンベ」となったのが和名抄のAグループの訓で、やがて「ン」も脱落して「タケベ」となったのがBグループの訓であろう。

dその他

①駿河国益頭郡〈郡名表記は四本とも「益頭郡」。訓は古活字本・東急本〈末志豆〉、名博本〈マシツ〉、高山寺本ナシ〉

・駿河国益頭郡益頭郷〈郷名表記は四本とも「益頭」。訓は古活字本〈萬之都〉、東急本〈万之都〉、高山寺本・名博本ナシ〉

益頭郡は今日の焼津市を含む地域であり、ヤマトタケルの草薙剣の話にも焼津の地名が出てくることから、この郡郷名は本来は「ヤキヅ」であり、「益頭」の表記はそれを借音表記したものと考えられる。「マシヅ」の訓は、「ヤキヅ」が火災を連想させて不吉なことから、あえて読みを変えたものと推測する。

②駿河国有度郡内屋郷〈郷名表記は四本とも「内屋」。訓は古活字本・東急本〈宇都乃也〉、高山寺本〈宇都乃夜〉、名博本〈ウツノヤ〉〉

「内屋」を「ウツノヤ」とは読みにくいが、この地名は現在の宇都ノ谷峠に繋がるものであろう。和名抄諸本の訓は古来の訓を伝え、それが今に到っている可能性をもっており、興味深い。

以上、はなはだ雑駁ながら、和名抄にみる東海地方の郡郷名のいくつかを取り上げて考察した。和名抄の原本が伝わらない今、四写本はそれぞれに貴重である。系統関係やそれぞれの写本の特徴を考慮しながら、本文を比較検討することの大切さを改めて感じている。また、和名抄の地名を考える上で、木簡の存在も極めて貴重である。相互に活用することで、和名抄研究も、木簡研究も、それぞれに深まってゆくことであろう。

注

（1）拙稿「木簡に見る地名表記法の変遷」（『群馬県立女子大学国文学研究』三二。平成二四年三月）

（2）「里」が「郷」に移行した時期は、出雲国風土記総記にある「右の件の郷の字は、霊亀元年の式に依りて、里を改めて郷と為せり」という記載によれば霊亀元年（七一五）となるが、鎌田元一氏の説（「郷里制の施行と霊亀元年式」『古代の日本と東アジア』所収。一九九一年五月。小学館）に従い、霊亀三年とした。

（3）　国名二字化は大宝四年になされたとする鎌田元一氏の説（『律令公民制の研究』「Ⅱ　律令制国名表記の成立」。平成一三年三月。塙書房）に従いたい。

（4）　郡里名二字化の指示は和銅六年の風土記撰進の詔の第一条とされているが、出土木簡には、和銅四年の頃には二字化の指示が出されていたことを窺わせるものがある。拙稿「郡郷里名二字表記化の時期について」（『論集上代文学』三三。平成二三年五月。笠間書院）

（5）　これらに関しては、蜂矢眞郷氏の「地名の二字化―和名類聚抄の地名を中心に―」（京都地名研究会『地名探求』一〇　平成二四年四月）に詳しく述べられている。

＊木簡の出典は次の通りである。
荷札集成……『評制下荷札木簡集成』、飛鳥藤原京……『飛鳥藤原京木簡』、藤原宮……『藤原宮木簡』、平城宮……『平城宮木簡』、平城……『平城宮発掘調査出土木簡概報』

（編纂はすべて奈良国立文化財研究所）

〈コラム〉
文化財のチカラ

加藤 和俊

はじめに

特別展「文字のチカラ ―古代東海の文字世界―」は、歴史博物館と大学との連携事業です。両者に共通する性格は、どちらも研究をおこなう機関であるということです。その一方で、連携の中で両者の違いを際立たせるとするならば、博物館の特徴は何に求めるのがよいのでしょうか。それはおそらく、文化財という「物体」の観察に徹底してこだわることで見えてくるものを、展示という活動を通じて発信することなのだと思います。木簡を例にして考えてみたいと思います。

木簡は「かまぼこ板」なのか

博物館には地味な資料がたくさんあります。特に文字資料は基本的に華美な物が少なく、なかなか来館者の興味を引くことの難しい資料です。そのため多くの場合、文字が示す情報がその文化財としての価値となり、巻物であろうと本であろうと、物体としてはそれほど意識されることがありません。そこに書かれていたり印刷されたりしている文字や文章の内容が、多くの観覧者にとっての興味の対象となり、展示する学芸員にとっては数少ないアピール材料ともなっています。

なかでも木簡は、書いてある文字自体もはっきりしないことも多く、また、木の板もほとんどの場合、傷んだ状態で発見されるために、決して美しくはありません。博物館で美術品などの資料に混じって木簡が展示されている場合など、木簡の前でわざわざ足を止める観覧者は、多くはありません。そんな木簡の近くで耳をそばだてていると、木簡の前でなされる会話の中で時々「かまぼこ板に字が書いてある」というような表現が聞こえてきます。木簡は確かに、字の書いてある木ぎれです。思えば、私たちの生活には今や木の板はほとんど登場せず、わずかに目にするのが、かまぼこ板や木の表札くらいになってしまっているので、多くの人々の間でこうした比喩が重なることも当然のことかもしれません。生活の中でこれほどまでに木の板が使われなくなることを、その木簡に字を書いた古代の日本人は、全く想像だにしなかったことでしょう。

ここで取り上げたいのは、大人の観覧者が興味を向ける対象はあくまで木簡に書いてある内容なのであって、「かまぼこ板」なる木の板にはほとんど気を留めていないらしい点です。もっとも、書かれている古代の字に対しても、さほど注意を払っている様子ではなく、横に置いてある「キャプション」と呼ばれる説明版を読むことで書かれた内容をチェックし、次の資料へと足を向けていかれる方が多いようです。つまり、木簡という文化財よりも、キャプションの方がじっくり「観察」されているわけです。

木簡自体が美しくないことはしかたがないこととしても、せっかく展示してあるのにもかかわらず結果としてほとんど目を向けてもらえていない状況がしばしば見られるのは、ただただ木簡の、物としての見た目の悪さのせいに過ぎないのでしょうか。

キャプションは「架け橋」

博物館の展覧会は、広く市民に向けて文化財を展示、紹介する活動です。展覧会のテーマによってくくられて集められた「選ばれし文化財」が、さらにいくつかの小テーマごとに分けられ、ストーリーに沿って順序立てて配列されます。その過程で、展示室のかもし出す雰囲気もできあがっていきます。そして仕上げに、物の横にキャプションが置かれます。キャプションは、陳列された文化財個々についての説明をするための道具です。その一方で、広い展覧会場の中で、観覧者と学芸員とが展示品を媒介に言葉を通じて向き合う、最も大切な「架け橋」でもあります。そうした大切な役割を持つ「説明板」に何をどう書くか、あるいはどんな無言の「やりとり」を観覧者に働きかけるのか。これは実は大変責任の重いことだと思うのです。

木簡には文字が乗っているので、「ここには○○○と書かれていて、□□□であることが知られます」という最低限の内容は必要でしょう。しかしそれだけの文章でキャプションが終わってしまうのであれば、説明文中で特に触れられていない木の板の部分はまるで、「文字を観覧者に提供するための存在」でしかなく、展示品の地位から「転落」してしまっているようにも思えてしまいます。表現は良くないですが、まるで展示補助具であるかのようです。字が展示品で、木の板は「字を展示するための補助具」といった印象です。ちょうど新聞紙で言えば、文字内容が命で、紙自体にはそれほど価値が感じられないように。

しかし一見主役のように見えるこの古代の字でさえも、単にどんな字が書いてあるのかという情報として紹介されるだけでは、やはり実際にはさほど注意を払われることもなく、観覧者の興味対象としての主役の座はたちまちにしてキャプションに奪われていきます。こうしたことでは、木簡をわざわざ展示する必要性自体が怪しくなり、極論すれば写真パネルで代用できてしまう、ということにもなりかねません。木簡など文字資料の場合、「キャプションを読めばそこに書かれている文字の内容がわかる」という単調な展開に終始してしまうと、字を含めた物体をいちいち観察しないことにつながってしまいます。さらに言えば、「キャプションが観覧者の目線を物から引き離してしまう」という、展覧会という事業とは根本的に矛盾した事態にもつながりかねないのです。

子供たちの目に映るもの

一方子供たち、たとえば小学生が木簡に注ぐ目線はどのようなものでしょうか。しばしば聞こえる会話、あるいは質問に「このこわれた板はなんだろう?」というものがあります。もちろん木簡の上に字が書いてあることに気づいた上での会話なり質問です。木簡が木の板であること、傷んだり壊れたりした物であることをしっかり見ています。これを子供らしい素直で素朴な感覚、と見過ごすわけにはいきません。書いてある字から何がわかるのか、という関心から出発していないことが重要だからです。多くの子供は、木簡がどんな文化財であるのか知りません。ましてや、それがかつて書類などであったことも、折られるなどして捨てられたゴミであったことも、千年以上土の中で腐るか腐らないかぎりぎりの状態で眠っていたことも、ほとんど知りません。むしろそのあたりのことから知ろうとして、展示品を観察しているのです。

一方、私たち学芸員や研究者あるいはある程度知識を持って展示品を見る観覧者も含めて、大人はわりあい「木簡は木に決まっている」「捨てられて埋められたのだから、傷んだり壊れたりしているのは当然」という予見を持っています。ですから、あえてそうしたことは説明しないし、また求めません。しかし子供たちの反応と対比した時、大人のこの当たり前の知識が、逆に、展覧会を見ながらも物体を見ないことにつながっているように思います。自分たちには常識と感じられる情報を、キャプションなどで改めて読まされることになるこうした大人たちには同情しますが、それをおして、あえて物体についての説明も付けていくことこそが、実物を眼前にして、大人たちに再度、まなざしを展示品に向けてもらうきっかけになるのではないかと思います。それに、その方が子供たちの理解の助けになると思うのです。

展覧会において木簡を、展示品の地位から文字情報提供者に落としてしまうことがあるのなら、その原因は、実は博物館が用意したキャプションにあるのではないか。限られた字数の制約の名の下に、板という物体については紹介することなく、いきなり文字情報に注目させてしまい、そこで終わる。これでは、木簡で重要なのは文字内容だけだと誘導してしまっていることにもなります。

キャプションは確かに説明板ではありますが、役割を説明だけに限定する必要はありません。どこに注目してほしいか、といった学芸員側の意図や、メッセージのアピールの場、「看板」でもあります。さらに言えば、その物体がなぜ展示室のこの位置に置かれているのか、選ばれてきて展示されているのかを、展示室において個々にその理由を直接ほのめかすことができる、ほとんど唯一の手段だとも思うのです。

文字を乗せてきた「小舟」

日本の古代の文字資料は、木簡のような木の板や、紙、土器などに墨で字が書かれています（墨書）。中には刻書と呼ばれる刻みつけた文字や、変わったところでは焼きごてで焼き付けられたものもあります。いずれにせよ、文化財である物体として見た場合は、それらは文字情報という以前に、まずは木の板であったり紙であったり土器であったりするので、字はそこに乗っている装飾のようなものと見ることもできます。文字は、それが物に書き付けられるという性質のものだからこそ、単独で時空を越えていくことはできません。木簡に書かれた文字にしても、いわば木の小舟に乗って守られてきたことで、千年以上の時を越え、私たちの前に再び出現することができたのです。

しかし木簡は、土中で幸運にも消滅をまぬがれただけの、極めて脆弱な物体です。展示室にさりげなく、またなにげなく置かれているように見える木簡ですが、発見後から展示品として観覧者の目に触れるまでの過程で、多くの人によるすみやかかつ真剣な努力が払われています。千年以上光と酸素から遮断されてきた木簡は、再び姿をあらわして空気に触れた途端、まるで時を取り戻すかのように、あっという間に傷んでいってしまいます。一秒でも早く、時を止めなければなりません。

発掘調査によって木簡が発見されると、直ちに出土の状況を確認、記録します。そして、急速な劣化をくい止めるため、特に乾燥による変形を防ぐために水漬けにされます。次に、傷みが進行しないよう注意しながら字の解読（釈文の作成）や板に関する情報の取り出しが最大限おこなわれます。その後に、保存に向けての作業がおこなわれるのですが、しかし、木簡自体が木の繊維だけのわずかな力で支えられたスポンジのようになってしまっているために、保存処理に万全を期しても、稀に全く予想しない変形や破壊が起きてしまうこともあります。これらをなんとかくぐり抜けた物だけが、比較的安定した物体として、短期間ではありますが展示品として、空気中で人々の目に触れることができるようになるのです。

同じく奈良時代から伝わった正倉院の宝物は、誰もが認める奇跡の遺産でしょう。しかし、展示室に並ぶ木簡も、しばしば「地下の正倉院」とも称されるように、全く引けをとらない奇跡の文化財なのです。

このような特殊な文化財である木簡を、静かに収納してある収蔵庫からあえて取り出し、輸送などの移動や、展示・撤収などの作業に潜むかもしれない危険を覚悟してでも展示します。また展示室に置かれた状態自体も、光と流動する空気とにさらすことですから、木簡の劣化に確実に拍車をかけることになります。展示は文化財を消費する行為です。ですから特に木簡の場合、単純に「本物を見せる」「乗っている字の説明をする」以上の意味付けが必要だと思います。ではそれは何なのでしょうか。

木簡から立ちのぼる活動

三河湾の入口に浮かぶ篠・佐久・日間賀の三島からは奈良時代、「贄《にえ》（天皇や神のための食材）」と呼ばれる物納制度によって、魚の加工品を作って都に運んでいたことが、地中から出現した木簡に書かれた内容によって明らかになっています。木簡に書かれた書式は、「参河国播豆郡○島海部供奉○月料御贄○（種別）○（加工品名）○（量）」が基本で、定型化したこの文字情報から次のような内容が得られます。現在では尾張部に属している篠・日間賀の二島も、当時は佐久島と共に三河国幡（播）豆郡に属していたこと、そこの海人（漁民でもある）が「海部」という集団に指定されていたこと、魚の干物を毎月ごとの頻度で提供していたこと、などです。さらに、三島の木簡群というかたまりとして見た場合には、篠島と佐久島とで月ごとに交替で負担するのが基本だったらしく、日間賀島は臨時の負担だったらしいことも知られます。このように、文字情報から出発することで贄の制度などの研究が大きく前進しました。

しかし、木簡に乗っている「生」の字は、果たして文字情報に過ぎないのでしょうか。文字の確定は、ひとつひとつが何の字であるかということに限定した情報であって、基盤として必要不可欠です。ですが、人の手によって書かれた墨の字には、他にも、書いた人ごとに違う字の個性や墨の濃淡、字体や書風の特徴、あるいは丁寧に書かれたのか走り書きのようなものなのか、などといった特徴が情報として現れています。これは、人の行為に注目する視点でもあります。誰が書いたのか、なぜ書いたのか。どうやって字を習得したのか、どんな教育を受けたのか、といったことも気になります。さらにこの字を実際に書くためにおこなわれた行為についても関心は広がります。どんな筆で書いたのだろうか、どんな硯で磨ったどんな濃さの墨液を使ったのだろうか。はたまた、机の上に置いて書いたのだろうか、板を手に持って書いたのだろうか。興味は広がります。

実際、木簡ひとつひとつをじっくり観察していくと、時々おもしろい発見があります。例えば篠島のとある木簡では、一見、書式通りにきちんと書けている面の裏に、同じような文面がなぜかまた登場します。通常は片面しか使用しないのに、特殊です。そこでよく見比べてみると、片面の文章は一字少ないのです。書き漏らしの字があることに気づいて、裏面に正しく書いたもののようです。ところが、さらに観察を続けると、字や筆の癖が表面と裏面とではかなり違います。どうやら、裏面に正しく書いたのは別人のようなのです。また、篠島の別の木簡でも、文章の前半と後半とでやはり字の雰囲気がかなり違う物があります。板の観察によるとどうやら後半部分を木を削って訂正したようなのですが、これも別人による訂正作業の跡のようです。こうした例から、木簡（この場合は荷札）に書かれた内容は、別の役人によってチェックする仕組みがあったのではないか、ということも推定できるわけです。書きまちがいという、いかにも人間くさい行為と訂正作業の跡が、興味深い事実を提供してくれる例です。

これらの木簡が出土した平城宮の発掘を手がけ、木簡研究の中核ともなっている奈良文化財研究所では、字の解読作業（釈文の作成）はもちろん、一字ごとに注目した字の特徴（異筆など）、板の作り込みの特徴や形状の分類、廃棄時の人為的な破壊の状況の観察など、あらゆる情報を引き出してデータベースとし、インターネットでもすでに一般公開しています。また木簡は、発掘によって地中から出土した物でもありますので、考古資料として、出土状況その他のさまざまな考古学的情報を内に含んだ物体でもあります。

にもかかわらず、展覧会において、木簡の役割を単に新出現の文字情報の提供者、に限定してしまっては、文字内容だけが世の中へ飛び立っていってしまい、木簡という文化財自体を、いわば抜け殻のように人々の関心から遠ざけ、置いてきぼりにしてしまうでしょう。

むすび

木簡のほとんど全ては、文書などとして使用された後、いったんは存在価値を失って廃棄されたゴミです。しかし、千年以上の時を経て貴重な文化財としてよみがえり、新たに全く異なる大きな現代的価値を持ちました。なにげない、一見無価値に見える物体でも、見方を変えれば価値を引き出すことが可能です。歴史の証人である全ての文化財に、新たな現代的な価値を提案して発信すること、それが展覧会を通じての学芸員の活動のひとつだと思います。

ひとつひとつの文化財の向こうには、必ず「人」がいる。これが今回の展覧会での、担当学芸員としてのメッセージです。荷札の木簡であれば、森で木を伐った人、材木を運んだ人、板に加工した人、字を書き付けた人、荷とともに都まで運んだ人、届いた荷札で事務処理をした人、最後に廃棄した人、多くの関係者が遠い過去に存在します。今となってはそのほとんどがそれぞれの名もわからなくなった人物ではありますが、彼らの活動が具体的にどのようになされていたのかということに対しては、興味が尽きることはありません。また近い過去や現代では、再発見して劣化（滅び）から守ってきた人々もいます。その、保存に尽力する姿を知ることで、未来にこれを守り伝えていくべき人（それは私たち全て）の将来像もおぼろげながら見えてくるのだと思います。また、内容を研究することで木簡の価値を高めてきた人々もいて、その積み重ねが、多くの現代人の知的好奇心を刺激し続けてもきたわけです。

一般の人々が歴史にほのかな関心を持ち、古代に思いを馳せるためには、ロマンが必要だと思います。ロマンは文化財から勝手に湧いて出る匂いのようなものではなく、人が織りなした物語です。文化財を見、遺跡を訪ねるという行為も、そこに、かつて生きた古代人の存在を感じ、古代へといざなわれたいというロマンチック気持ちがきっとあるのだと思います。

たとえ薄くほのかな関心であっても、広く社会の多くの人々がこうした気持ちを抱き続けてくれることが、古代の文字文化を乗せた文化財という名の船が次代へと航海する時、追い風を吹かせてくれるのだと思います。この、コストがかかる割には現実社会に直接貢献しにくい「次世代への引き継ぎ作業」を、「気分」としてであっても広く支持してくれる基盤を失っては、乗っている文字文化まで沈没しかねません。文字を語り継ぐ行為を将来にわたって確かなものにするためにも、博物館は、文化財という実物の全てのチカラを借りて、それを展覧会でやむをえず少しずつ消耗させながらでも、常に人々の心をやさしく揺さぶり続けなければならないのだと信じています。

Ⅱ　文字が伝える古代日本

過去の支配

―天皇制度の成立と『日本書紀』―

吉田一彦

はじめに

『日本書紀』は、天皇が定めた歴史書として、成立後ただちに大きな影響力を発揮し、その後も長い期間にわたって人々の歴史認識の根幹を規定した。それは、人々の歴史観を拘束し、今もなお私たちの内面に厳然と在住し続けている。私は、この書物を相対化することなくして、二十一世紀の現代的観点からの歴史認識はできないと考えている。

『日本書紀』は、そもそもどのような目的と論理によって書かれた書物なのか。それは、なぜ神々の時代から書かれ、のちに人間の時代の歴史へと展開していく構成をとっているのか。また、なぜ天皇家を最高神の子孫だとし、この国で天皇家以外に君主になった者はいないと書いたのか。

小論では、『日本書紀』とは何なのかについて、天皇制度の成立という観点から考えてみたい。

すでに言い古されていることかもしれないが、『日本書紀』は政治的意図をもって作成された書物であり、その作成の目的や、執筆にあたった人たちの構想を考察することなくして、この書物を読解することはできない。誰が、どのような情勢のもとに、またどのような思想に基づいてこの書物を作成したのか。ここでは、〈時間の支配〉、さらに〈過去の支配〉という概念を用いてこの課題についてて考えるところを述べたい。

「天皇」号の成立

日本列島において政治権力の中枢に立った者は、五、六、七世紀の頃は「大王」を称したが、のち「天皇」なる称号を名乗るようになった。その時期がいつかをめぐって、かつては推古朝に日本の「天皇」号がはじまったとする学説が唱えられたが〔津田左右吉一九六三〕、現在では七世紀末の持統天皇から、もしくはその一代前の天武の途中からはじまったとする説が有力である〔渡辺茂一九六七、東野治之一九七七、増尾伸一郎二〇〇三〕。今日でも、推古朝に成立したとする旧説を継承する学説も一部に存在しているが〔大津透二〇一〇〕、金石文史料の成立年代や唐の「天皇」号の評価などに疑問があり、私には説得的とは思われない。「天皇」号の成立時期については七世紀末説が有力であり、議論はここに帰着しつつあるように思う。

「大王」「天皇」なる称号のうち、「大王」号については、朝鮮半島の高句麗の君主号を模倣、導入したものであることが武田幸男氏によって解明されている［武田幸男一九八九］。「天皇」号については、早く津田左右吉氏によって中国の用語を模倣、導入したものであることが指摘され［津田左右吉一九六三］、その後渡辺茂氏によって、唐の高宗（六二八〜六八三）が上元元年（六七四）に名乗った「天皇」なる君主号を模倣、導入したものであることが論じられている。中国皇帝は、秦の始皇帝以来「皇帝」を名乗るのが一般的であったが、この時、高宗は、皇帝は天皇、皇后は天后と称することとした（『旧唐書』高宗本紀）。日本の「天皇」号はこれを導入したものだという［渡辺茂一九六七］。従うべき見解であると思われる。

天皇と皇帝

「天皇」号成立の歴史的意義は大きい。これを「大王」号から「天皇」号への君主号の名称変更とのみとらえるのは過小評価であり、国制の根幹に関わる大きな変革と評価すべきだと考える。それは中国が長い歴史の中で築きあげた政治制度たる「皇帝制度」を導入、開始することであった［吉田一彦二〇〇六］。

「天皇」は「皇帝」の言い換えだった。日本の律令を見ると、養老令の儀制令第一条（天子条）に、君主の称号として、「天子」「天皇」「皇帝」「陛下」の四者が併記されている。これらはすべて同一地位の言い換えで、天皇は「天子」「皇帝」「陛下」と互換性を持つ概念だと規定されている。

では、大宝令ではどうだったろうか。この条文について、『令集解』の「古記」は「天子」と「陛下」に注釈を付し、「陛下」に言及する部分には「天皇」の語を用いて説明している。ここから、大宝令同条に「天子」「陛下」の語があったことが知られ、「天皇」の語も存在した可能性が高いことが判明する。しかし、これだけでは大宝令同条の文言全体がどうだったのかは、残念ながら確定することができない。それでも、「天子」の語が存在したことが確実であるから、すでに大宝令文において、少なくとも「天皇」が「天子」の言い換えであることが明記されていたとしてよかろう。

次に『続日本紀』には、霊亀元年（七一五）九月二日〈庚辰《こうしん》〉条の元明天皇が元正天皇に皇位を禅《ゆず》る詔に、「今伝皇帝位内親王（今、皇帝の位を内親王に伝ふ）」とあって「皇帝」の称号が見える。また、養老五年（七二一）十月十三日〈丁亥《ていがい》〉条の元明太上天皇が薄葬を命ずる詔にも、天皇の政務について「皇帝摂断万機（皇帝、万機《ばんき》を摂《と》り断《ことわ》る）」とあって「皇帝」の称号が見える。さらに、天平八年（七三六）十一月十一日〈丙戌《へいじゅつ》〉条の葛城《かつらぎ》王、佐為《さい》王が橘氏の賜姓を願い出た上表文にも、「伏惟、皇帝陛下（伏して惟《おもん》みるに皇帝陛下）」とあって「皇帝陛下」の称号が見える。以上より、日本は、「天皇」が「皇帝」の言い換えであることを明確に認識してこの称号を導入していたことが知られる。

天皇制度の開始

「天皇」号を導入した日本は、君主の称号の導入のみならず、それに付随する諸々の制度をも導入する道を歩んだ。それは、「天皇」という政治制度、すなわち皇帝制度を導入することだった。

皇帝は、天下を統治するにあたり、自らの王朝の名を称する。日本は、七世紀末に「倭〔倭国〕」から「日本」へと国号を変更したが〔東野治之一九九二〕、吉田孝氏によれば、この「日本」という国号は、王朝名として開始されたものだという〔吉田孝一九九七〕。それまで「倭」「倭国」と他称され、また自称していた国家は、新たに「日本」という名を王朝名として称するようになった。これは、天皇制度の開始による日本王朝の創始だと評価されよう。

中国皇帝は、理念的には、空間と時間を、また法と経済を一元的に支配する。日本の五〜七世紀の「大王」の政治については不明の部分が多く、その実態がどのようであったかは未詳といわざるをえないが、そうした中国皇帝型の一元的支配とは質的に異なる支配が行なわれていた可能性が高い。これに対し、天皇制度の導入以降は、理念的には中国皇帝と同質の一元的支配を目指す方向性が求められた。現実としては、それが達成できる部分とできない部分があったろうし、むしろ中国皇帝型の一元的支配は最初から達成できなかったと評価すべきであろうが、政治理念としては、そうした姿を目指す道が歩みはじめられた。こうして、空間や時間、そして法や経済に関する中国的な制度が模倣、導入されていった。

　ただし、日本は中国とは歴史も文化も異なるから、中国の政治制度を導入するといっても改変が必要になるところがあった。では、具体的には、どこをどう改変してどのようなものを創ろうとしたのか。天皇による空間の支配、時間の支配、法の支配（「法による支配」ではない）、経済の支配はどれも重要な研究課題であり、その一つ一つについて学問的解析が必要となるが、小論ではこのうちの時間の支配について私見を述べたい。

時間の支配

　皇帝は時間を支配するが、実際にどのような方策をとるかとなるといくつかの方途が考えられ、その具体相は複雑性を帯びてくる。中国でも王朝ごとに差異があったように思われるし、日本の天皇の場合にも複数の選択肢があったように思う。

　時間の支配には、私見では、次の三つの下位区分がある。〈過去の支配〉〈現在の支配〉〈未来の支配〉である。このうち、〈現在の支配〉は、中国の政治制度を参照するなら、自然時間の人為区分としての暦の制定、統治時間の区分としての年号の建元が重要な論点になろう。〈過去の支配〉および〈未来の支配〉については歴史の確定が重要であり、具体的には『日本書紀』の成立が重要な論点になる。

日本の暦

ここでは、最初に暦をめぐる問題について、岡田芳朗氏、鎌田元一氏の研究成果に学びながら〔岡田芳朗二〇〇一、鎌田元一二〇〇八〕、天皇制度の開始という観点からあらためて考えてみたい。七世紀末、日本はそれまでの元嘉暦《げんか》に代わって儀鳳暦《ぎほう》（麟徳暦《りんとく》）を導入した。天皇制度を開始した日本は、本来なら自ら暦を制定すべきであろうが、それには作暦の能力・技術が必要になるし、暦には世界性、共通性が求められるから新しい暦の制定という方途は選択しなかった。代わって、それまでとは異なる新しい暦、すなわち儀鳳暦の導入が選択された。『日本書紀』によるなら、持統天皇四年（六九〇）十一月、それまでの元嘉暦と新しい儀鳳暦とが併用されるようになったという。まもなく、文武天皇元年（六九七）から〔鎌田元一二〇〇八〕、もしくは同二年（六九八）から〔岡田芳朗二〇〇一〕、儀鳳暦の単独使用が行なわれるようになった。

二〇〇三年、奈良県明日香村の石神遺跡から円形に変形された木製の暦が出土した。それは、もとはおそらく長方形で、記述内容から、持統天皇三年（六八九）の三月と四月の暦が表裏に記されたもので、元嘉暦による具注暦を記すものであることが解明された〔岡田芳朗二〇〇三ａｂ〕。ここから、右の『日本書紀』が述べる儀鳳暦の開始年代が歴史的事実を伝える可能性が高いことが検証された。私は、七世紀末における儀鳳暦の開始を天皇制度開始にあたっての新暦の導入と評価したい。それは大王の時間に代わる天皇の時間の設定であった。

日本の年号

『日本書紀』には、日本最初の年号として「大化」（元年〜六年、六四五〜六五〇）が建てられたと記されており、それは乙巳《いっし》の変によって成立した新政府によって建元されたとされている。同書には、それに続けて「白雉《はくち》」（元年〜五年、六五〇〜六五四）という年号が建てられ、また七世紀末にも「朱鳥」（元年のみ、六八六）という年号が建てられたと記されている。なお「朱鳥」については「阿《あ》訶美苔利《かみどり》」という注が付されており、「あかみどり」と訓読みするよう指示がなされている。

では、これらの記述は歴史的事実を伝えているのか、そうではないのか。これら『日本書紀』の年号については、かねてより疑問が投げかけられてきた。今、それを二点にまとめると、第一は、これら『日本書紀』の年号が継続的に建てられておらず、断続的にしか建てられていないことについての疑問である。切れ目なく年号が続くのではなく、とびとびに年号が建てられているのは理解に苦しむ。これでは君主の時間が途切れてしまう。こうした断続的な年号は、中国の例から見ても、日本の「大宝」（元年〜四年、七〇一〜七〇四）以降の継続的な年号から見ても不審である。

第二は、木簡との不整合である。それらでは、七世紀の年紀は干支《かんし》で表記されており、『日本書紀』の年号が使用されたものはまだ一例も発見されていない。特に注目を集めたのは難波宮跡（大

（表）

（裏）

Ⓐ石神遺跡出土　奈良県高市郡明日香村　奈良文化財研究所

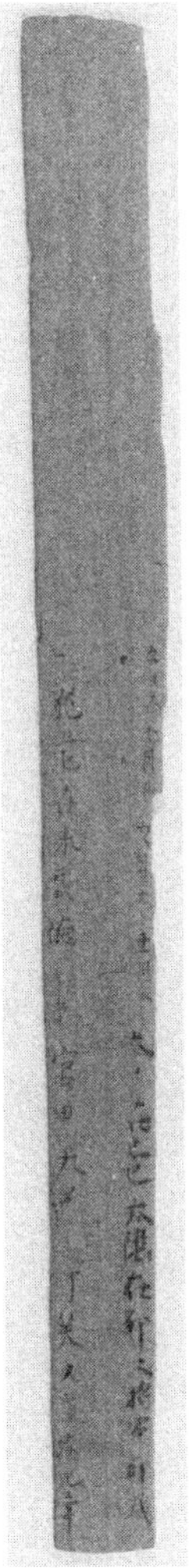

Ⓑ城山遺跡出土　静岡県浜松市　浜松市博物館（複製）

具注暦

阪府大阪市）から出土した「戊申年」という木簡で、この干支は併出した土器の年代などから判断して六四八年にあたるという〔江浦洋二〇〇〇〕。それは『日本書紀』の年号では大化四年にあたるが、しかし年号表記はされず、干支表記が用いられている。これは「大化」年号が実際には使用されなかった事例の一つになると評価されよう。対して、「大宝」以降の時代になると、木簡の年紀は年号で表記されるのが一般的になる。鎌田元一氏は、こうした事態について「藤原宮跡出土の木簡が、大宝元年を境として干支年表記と年号表記に截然と分かれるように、七〇〇年までは基本的に干支記年の時代であったと言うことができる」と論じているが〔鎌田元一二〇〇八〕、従うべき見解と思われる。

木簡は、今後も地中から続々と出土するだろうし、「大化」「白雉」「朱鳥」と記したものが発見されるかもしれない。しかし、研究の現段階では、七世紀の木簡で年号を用いたものはまだ一例もなく、右の第一の疑問点をあわせ考えるなら、『日本書紀』の三つの年号は歴史的事実を伝えるものとは言えず、後世になってから遡及的に定めたもの、もしくは同書の編纂者による創作と評価すべきであろう。

そうであるなら、研究の現段階では、日本の年号は「大宝」から開始され、それ以降、継続的に年号が建てられて、今日の「平成」に至ると見るのが妥当である。それは、私見では、王制（大王制度）をやめ、天皇制度を開始したことにともなって、時間の支配の一つとして実施された施策の一つと評価される。

未来の支配

歴史とは、現在の時点から過去を再構築して示すものであり、同時にその再構築された過去に立脚して未来を展望するものである。その際、過去の再構築が事実に基づいて行なわれる場合もあるが、事実よりもむしろ理念や政治や経済的得失などが重んじられて過去が改変、あるいは創作される場合もある。近代においては、歴史を叙述するにあたり、事実を重視する姿勢が強調される傾向にあるが、しかし、そうとはなっていない事例も見られる。近代以前における歴史の叙述となると、事実は軽視され、理念、政治などに基づいて過去が語られることがしばしばあった。このことは、そもそも歴史を誰の意向あるいは命令によって書くのか、誰のために歴史を書くのかという問題と密接に連関している。

未来はどうだろうか。未来は過去と連動するようにして語られる。一般的には、未来は過去に規定されて語られるということになろうが、逆に、あるべき未来が構想され、それに対応させるようにして過去の再構築がなされるということもまたある。未来が過去を規定するのである。

天皇制度を導入した七世紀末の日本国の政治権力は、この政治制度の実施にあたり、あるべき唯一の未来の姿を構想し、呪縛をかけるようにその実現を宣言した。私は、それを〈未来の支配〉にあたるととらえている。それは『日本書紀』の中で構想されており、同書によって広く一般に宣言がなされていった。

天壌無窮の神勅

『日本書紀』を読み進めていくと、著名な「天壌《てんじょう》無窮《むきゅう》の神勅《しんちょく》」に出会う。巻二の一書（第一）に次のように語られるのがそれである（原漢文と書き下し文を示した。書き下し文は［小島憲之他一九九四］にもとづき、私見を加えた）。

時天照大神勅曰。若然者方当降吾児矣。且将降間。皇孫已生。号曰天津彦彦火瓊瓊杵尊。時有奏曰。欲以此皇孫代降。故天照大神乃賜天津彦彦火瓊瓊杵尊、八坂瓊曲玉及八咫鏡、草薙剣三種宝物。又以中臣上祖天児屋命。忌部上祖太玉命。猿女上祖天鈿女命。鏡作上祖石凝姥命。玉作上祖玉屋命。凡五部神使配侍焉。因勅皇孫曰。葦原千五百秋之瑞穂国。是吾子孫可王之地也。宜爾皇孫就而治焉。行矣。宝祚之隆当与天壌無窮者矣。

時に天照大神《あまてらすおおみかみ》、勅《みことのり》して曰く、「若《も》し然《しか》らば、方《まさ》に吾《あ》が児《こ》を降《くだ》しまつらむ」と。且《まさ》に降《くだ》りまさむとする間に、皇孫、已《すで》に生《あ》れたまふ。号して曰く天津彦彦火瓊瓊杵尊《あまつひこひこほのににぎのみこと》と。時に奏するこ

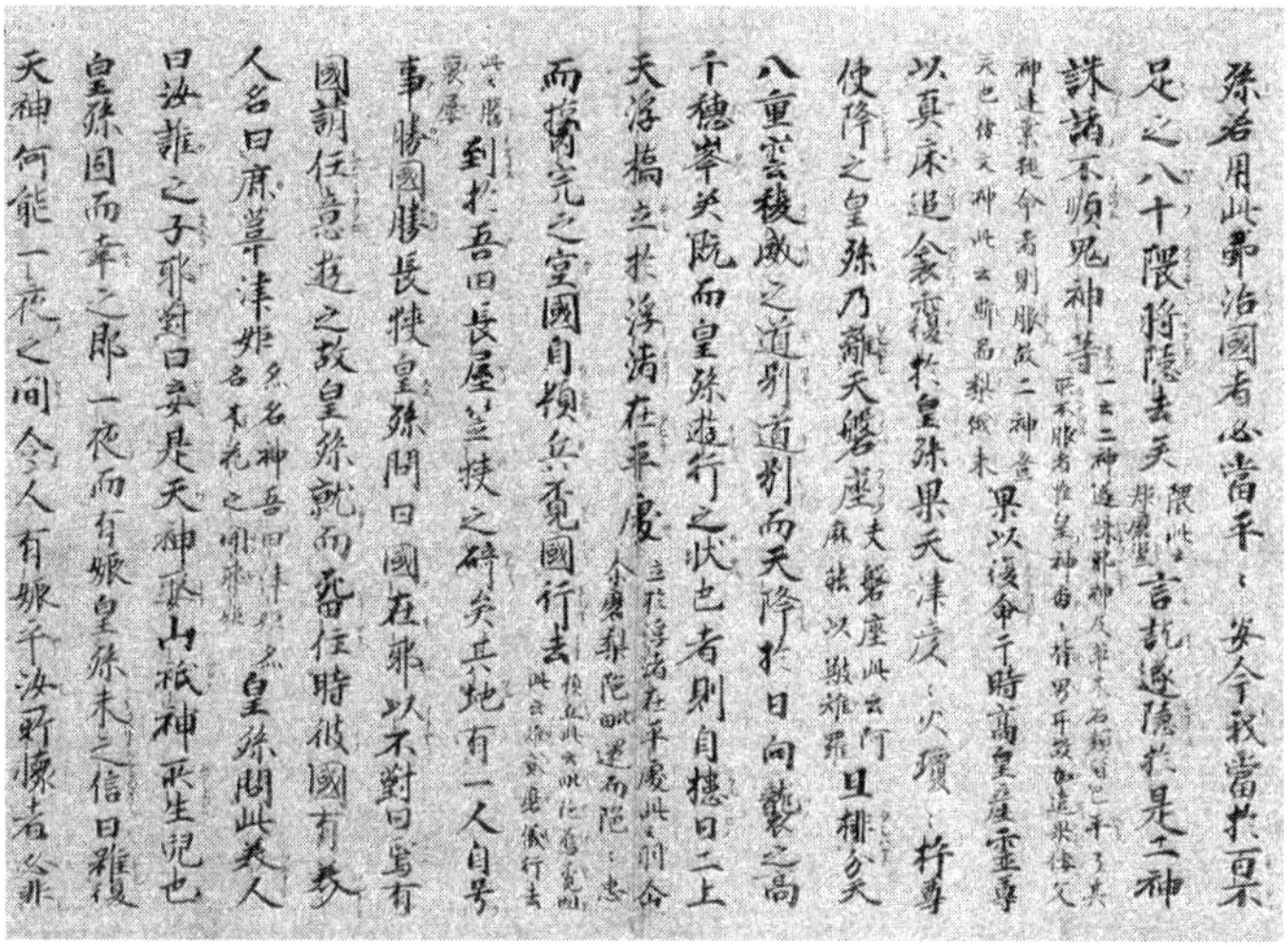
孫若用此矛治國者必當平〻安今我當於百不
足之八十隈將隱去矣 言訖遂隱於是二神
誅諸不順鬼神等 果以復命于時高皇産靈尊
以眞床追衾覆於皇孫天津彦〻火瓊〻杵尊
使降之皇孫乃離天磐座 且排分天
八重雲稜威之道別道別而天降於日向襲之高
千穗峯矣既而皇孫遊行之狀也者則自槵日二上
天浮橋立於浮渚在平處
而膂宍之空國自頓丘覓國行去
到於吾田長屋笠狹之碕矣其地有一人自號
事勝國勝長狹皇孫問曰國在耶以不對曰在有
國請任意遊之故皇孫就而留住時彼國有美
人名曰鹿葦津姫 皇孫問此美人
曰汝誰之子耶對曰妾是天神娶大山祇神所生兒也
皇孫因而幸之即一夜而有娠皇孫未之信曰雖復
天神何能一夜之間令人有娠乎汝所懷者必非

『日本書紀』巻第一下　愛知県名古屋市熱田神宮所蔵　重要文化財

と有りて曰く、「此の皇孫を以て代《か》へて降《くだ》さむと欲す」と。故《かれ》、天照大神、乃ち天津彦彦火瓊瓊杵尊に、八坂瓊曲玉《やさかにのまがたま》、及び八咫鏡《やたのかがみ》、草薙剣《くさなぎのつるぎ》、三種の宝物を賜《たま》ふ。又中臣《なかとみ》が上祖天児屋命《あめのこやねのみこと》、忌部《いみべ》の上祖太玉命《ふとたまのみこと》、猿女《さるめ》が上祖天鈿女命《あめのうずめのみこと》、鏡作《かがみつくり》が上祖石凝姥命《いしこりどめのみこと》、玉作《たまつくり》が上祖玉《たま》屋命《やのみこと》、凡《すべ》て五部神《いつとものをのかみたち》を以て配《そ》へ侍《はべ》らしめたまふ。因《よ》りて皇孫に勅して曰く、「葦原千五百秋之瑞穂国《あしはらのちいおのあきのみずほのくに》は、是《これ》、吾《あ》が子孫の王たるべき地なり。爾《なんじ》皇孫就《ゆ》きて治めよ。行矣《さきくませ》。宝祚の隆《さか》えまさむこと、天壌《あめつち》と無窮《きわまりな》けむ」と。

傍線部分がいわゆる「天壌無窮の神勅」である。葦原中国（地上世界、日本国のこと）がようやく平定されると、天照大神は皇孫をこの地に降すことにした。天孫降臨（皇孫降臨）である。天照大神は、皇孫に八坂瓊曲玉《やさかにのまがたま》と八咫鏡《やたのかがみ》と草薙剣《くさなぎのつるぎ》の三種の宝物を与え、また中臣氏、忌部氏、猿女氏、鏡作氏、玉作氏の祖先をお伴としてつき従わせた。そして勅して、「葦原千五百秋之瑞穂国は、私の子孫こそが王として統治すべき地である。なんじ皇孫よ、行って統治せよ。宝祚が栄えることは永遠であろう」と宣言したという。

この記述は『日本書紀』正文に見えず、一書に見えるものであるが、『日本書紀』の成立過程や一書の理解、評価について考察する上で重要な史料になると考える。「天壌無窮の神勅」は平安時代初期の史書に言及され、また神祇祭祀の祝詞にもこの一節と類似する文言が見られることから、八、九世紀の政権、氏族たちに重要視されていたことが知られる。この一節が正文ではなく、一書として記された事情については、誰が（誰の祖先が）皇孫とともに降臨したと記述するのかという点をめぐって詳細に考察する必要があると考えるが、小論のテーマから少し離れてしまうので、それについては別稿にて論じることとしたい。「天壌無窮の神勅」は、『日本書紀』成立後まもなく論議や言及の対象になっており、同書が説いた根本思想の一つをあらわす重要記事と評価してよいと考える。

「天壌無窮の神勅」は、『日本書紀』以降、平安時代の『古語拾遺《こごしゅうい》』や『先代旧事本紀《せんだいくじほぎ》』に見え、鎌倉時代以降では、卜部懐賢《うらべのかねかた》（兼方）『釈日本紀』、神道五部書の『伊勢二所皇太神宮御鎮座伝記』

『豊受皇太神宮御鎮座本紀』『倭姫命世記』などの伊勢神道の書物、度会家行《わたらいいえゆき》『類聚神祇本源《るいじゅうじんぎほんげん》』、北畠《きたばたけ》親房《ちかふさ》『神皇正統記』、吉田神道や垂加神道《すいかしんとう》や水戸学の書物などに引用、言及されている［家永三郎一九六六］。また、本居宣長にも大きな影響を与えたことが論じられている［前田勉二〇〇二］。近代になると、よく知られているように、大正期・昭和戦前期の国定教科書で大きく取り上げられ、教育の世界で重視されて、国家理念の一部を構成する役割を果たした。

この神勅の文章の特色をめぐっては、後半部分の「宝祚之隆当与天壌無窮者矣」という表現に漢文的な潤色が見られることが、多くの学者によって指摘されてきた。賀茂真淵《かものまぶち》、本居宣長、谷川士清《たにがわことすが》、河村秀根《ひでね》・益根《ますね》、久米邦武、津田左右吉らによる指摘がそれである。そうした研究成果を承けた家永三郎氏は、この神勅の文章は、中国の文献、それも外典《げてん》というよりはむしろ仏教文献の影響を受けているとして、具体的に神勅文と類似する中国仏教の願文の文言を指摘した。そして、この神勅は、仏教の宝祚《ほうそ》長久《ちょうきゅう》を祈願する文言に影響されて作文されたものであると結論した［家永三郎一九六六］。この説は説得的であり、中国のどの文献の文言を模倣したものであるかについてはなお議論の余地があると考えるが、これが中国の仏教文献の影響を受けて作文されているのはまちがいないと考えられる。

アマテラス・高天原・天孫降臨思想の成立と天皇制度

では、これらの言説はいつごろ成立したものであろうか。筑紫申真氏は、アマテラスの成立は七世紀末の文武二年（六九八）に至る十年間であろうと論じた［筑紫申真二〇〇二］。大山誠一氏は、「高天原」の初見は『続日本紀』の冒頭、文武天皇元年（六九七）八月の文武天皇即位の詔であると指摘し、天孫降臨の神話は「持統から孫の文武への禅譲を説話化したものであろう」と論じている［大山誠一二〇〇三］。また、『日本書紀』の区分論で知られる森博達氏は［森博達一九九九、二〇一一］、瀬間正之氏の紹介によるなら［瀬間正之二〇一三］、最近の口頭発表において、「高天原」と「天照大神」は『日本書紀』β群だけに用いられており、β群は文武朝以降に書き始められたもので、「天照大神」も文武朝以降に成立したものだと論じているという。これらは、いずれも注目すべき重要な研究だと評価されよう。

さらに大山誠一氏は、別著において、天孫降臨神話は次の三段階の過程を経て成立したものだと論じた。第一は草壁皇子の即位を計画、正当化しようとして神話の原型を造型した段階で、持統天皇三年（六八九）頃の作業であるという。第二は文武天皇の即位を正当化しようとした段階で、高天原概念が作られ、持統天皇と軽皇子《かるのみこ》（文武天皇）をモデルにアマテラスと天孫が生み出された。これは持統天皇四年（六九〇）～文武天皇元年（六九七）の間の作業であるという。そして、第三は新たに首皇子《おびとのみこ》擁立を計画した段階で、アマテラス、天孫の姿に元明天皇、首皇子が重ねられていった。それは元明朝における作業であるという［大山誠一二〇一一］。

以上の近年の研究成果を参酌するなら、高天原やアマテラス、そして天孫降臨神話は、七世紀末〜八世紀初頭に構想、創作されたものであることが判明する。それは『日本書紀』が書き進められていく過程そのものであった。「天壌無窮の神勅」もその中で構想された。この神勅は、天皇制度が導入され、それにともなう諸制度が開始されるという新しい政治体制のもとで、〈時間の支配〉を行なう言説の一つとして創作されたものであった。

過去の唯一性

未来のあるべき姿を宣言し、未来を規定するということは、それに対応するようなあるべき過去の姿を規定するということになる。あるべき未来を構想、構築するには、それを必然化するような過去の経緯が必要になるからである。かくして〈あるべき未来〉をみことのりすることに対応して、〈あったはずの過去〉が要請され、それにそうように過去の創作がなされていった。

歴史は、そもそも、それぞれの立場によってとらえ方、描き方が異なるものである［大隅和雄一九八七、一九九八］。Aにとっての過去とBにとっての過去は、共通する事実認識や評価も包含されようが、他方、事実認識・評価に大きな、あるいはゆずることのできない差異が存在する場合が少なくない。そうした差異の存在は、むしろ歴史認識にとって一般的なことと言ってよい。だが、あるべき一つの未来を宣言するのであるなら、それに対応するような過去は一つでなければならず、複数の過去が存在するという事態は極力避けられねばならない。こうして複数の過去は統一、一元化され、唯一の過去が作成されていった。

神勅の意味

「天壌無窮の神勅」が宣言するのは、この地を王として統治するのは天照大神の子孫であり、それが未来永劫にわたって君主になるということであった。それは、すなわち、①天皇家のみが君主になりうる家系であり、②未来永劫、他の家系が君主になることは認められない、ということである。この宣言を時間軸を逆方向にとって、過去の方に敷衍していくとどうなるか。それは、①天皇家のみがこれまで君主であった家系であり、②無限の過去にさかのぼって他の家系が君主だったことはなかった、ということになるだろう。永遠の未来に対応するような永遠の過去。流れゆく時間のすべてを覆い尽くそうとする無限の時間観念。この神勅にはそうした思想が存在する。

無限の過去にさかのぼっていくとはどういうことか。過去へ、過去へとどんどんさかのぼっていけば、人間の時間の範囲を越えて、神々の時間の世界へと参入していくことになる。したがって、草創の時代の歴史を描くにあたっては、神々の世界の時間から現実の歴史世界の時間へと連続的に進展していく時間が説かれることになる。『日本書紀』では、そうした思想に基づいて神代紀が作成され、天孫降臨によって神々の時代から人間の時代へと進み、また天皇家は神の子孫、神の血筋を引く家系として造型されることとなった。そして、はるかに遠い草創の時代から、日本国は天皇家だけが君主として統治しており、それ以外の家系が君主であったことはなかったとする過去が構想、創作されていった。『日本書紀』はそうした時間思想、政治思想に立脚して作成された書物であった。『日本書紀』が「神話から歴史へ」という構成をとっているのは、そう読解してはじめて理解が可能になると私は考える。

それは、しかし、中国の皇帝制度を支える理念である天命思想とは大きく異なる思想と言わなければならない。「命」「天命」の思想は、一つの王朝が成立したことの正当性を保障するが、無限の時間を覆うものではなく、むしろ王朝交替を前提にし、王朝の交替を正当化する思想になっている。日本は、中国の皇帝制度を導入するにあたって、この天命思想の部分を大きく改変、転換した。そして、天から命が下るという考え方を否定し、天（これを「高天原」とする）の神の血筋を引く家系、すなわち天皇家がこの地を統治するという考え方に組み替えた。こうして、神々の世界の最高神である天照大神は、天皇家の血筋上の祖先であるとする言説が創作され、『日本書紀』に記述されていった。

過去の支配

唯一の過去を制定すること――『日本書紀』編纂の目的はここにあった。編纂者たちに与えられた職務は天皇の歴史を書くことであったが、それはあるべき未来を宣言し、それに整合する唯一の過去を物語るという形で結実していった。この営みは〈歴史の制定〉であり、〈過去の支配〉と評価すべきものであったと考える。『日本書紀』が成立するまで、おそらくさまざまな集団がそれぞれの過去を語っていたものと推定される。だが、それらのほとんどはここで否定、消去されてしまった。

『日本書紀』の編纂は、同書天武十年（六八一）三月十七日〈丙戌《へいじゅつ》〉条によるなら、この年から開始された。この日、天皇は詔して、川島皇子、忍壁皇子《おさかべのみこ》、広瀬王、竹田王、桑田王、三野王、上毛野君三千《かみつけののきみみちじ》、忌部連首《いみべのむらじこびと》、安曇連稲敷《あずみのむらじいなしき》、難波連大形《なにわのむらじおおかた》、中臣連大島《なかとみのむらじおおしま》、平群臣子首《へぐりのおみこびと》に、「帝紀」と「上古の諸事」の「記定」を命じ、大島と子首が筆録を担当することになったという。この記事をめぐっては、『古事記』撰修の開始を述べるものだとする理解が古くからあるが、私は、坂本太郎氏など多くの論者が説いた、『日本書紀』撰修の開始を記したものだとする理解に賛成である［坂本太郎一九六六、一九七〇、一九七一］。『日本書紀』こそが天皇が定めた歴史書であり、奈良平安時代に『古事記』が天皇の歴史書として重んじられた形跡はなく、一方、『日本書紀』は天皇が定めた歴史書として君臨しているからである。

この記事は、歴史を撰修することを「記定（記《しる》し定《さだ》む）」と表現している。この語には、歴史が天皇の詔によって定められるものであることが集約されているように思う。歴史の編纂にあたっては、様々な資料の提出が各方面に求められた。坂本太郎氏は、収集資料の中に、諸氏に伝えられた先祖の物語の記録（墓記）、地方諸国に伝えられた物語、政府の記録、個人の手記や覚書、寺院の縁起、百済に関する記録があったことを指摘している。

こうして集められた資料に対しては、しかし、編纂者たちによって取捨選択の作業がなされ、編集がなされ、「記定」がなされていった。それまで、それぞれの集団で語られてきたそれぞれの過去は、この作業の中でかなりの部分が消去、改変、編集されてしまい、あわせて新たな創作と整合化が編纂者たちによって書き加えられていった。複数の過去が存在することは許されず、不要な過去は消し去られ、唯一絶対の歴史のみが文章化されて、公式の歴史として制定されていった。

そこに「記定」された根幹的言説、たとえば、天皇家が天の最高神の子孫であるとか、神武天皇から持統天皇まで血筋が途絶えることなく続いてきたなどというのは、もちろん歴史的事実に基づくものではなく、政治的に創案された主張にほかならない。また、天皇家以外に君主になったものがいなかったというのも、他国の例を参照するなら到底歴史的事実とは考えられず、日本列島にも天皇家以外の君主が存在した可能性がきわめて高い。だが、そうした過去は消し去られ、ただ一つの過去だけが歴史として定められた。

『日本書紀』への異議申し立て

今日、私たちは、奈良平安時代のいくつかの文献の中で、『日本書紀』とは異なる過去を語る言説に出会う。『古語拾遺』『先代旧辞本紀』、いわゆる「氏文《うじぶみ》」の類〔沖森卓也他二〇一二〕、また「元《がん》興寺《ごうじ》伽藍縁起《がらんえんぎ》并《ならびに》流記資財帳《るきしざいちょう》」『上宮聖徳太子伝補闕記《ほけつき》』『上宮聖徳法王帝説《ほうおうていせつ》』などの寺院系の史料、そして『古事記』などである。それらは注目すべき重要史料であるが、私見では、そのいずれもが『日本書紀』が成立した後に、それに対する反論として書かれた文献だと考える。そこには『日本書紀』編纂以前に語られていた過去を伝える部分は残念ながらほとんど残っていない。

神野志隆光氏は、近年、「複数の『古代』」について論じ、新たな文献読解の方向性を示している。重要な議論だと考える〔神野志隆光二〇〇七〕。ただ、私見では、これらの書物に記される歴史は、現実の権益確保を目的として、『日本書紀』の記述に異議申し立てを行なったものだと読解すべきである〔吉田一彦二〇一一、二〇一二〕。それらの中には、古記や古伝承によって述べるという体裁をとっているものがあるが、その内容を精査すると、『日本書紀』の設定した枠組を前提に議論がなされており、古記、古伝承というのは自らの正当性を説くための手段としての言説であることが知られる。それらは『日本書紀』に対してもの申しているのであって、同書編纂以前に語られていた過去にまでさかのぼりうる言説はほとんどない。『日本書紀』編纂以前の言説は、『日本書紀』によってほとんど消し去られたと見るよりないと考える。

ただし、『日本書紀』編纂以前にさかのぼりうる過去は、むしろ『日本書紀』の中にわずかではあるが残存しているように思う。『日本書紀』を読み進めていくと、編纂のミスと思われる箇所、作為が歴然としている箇所、内部に矛盾が認められる箇所があることにに気づく。編纂者たちは長い時間をかけて周到な編纂作業を進めたが、それでも作業は完璧なものにはならなかった。そのため、同書にはそこここに消し損なった過去の残像や不用意な記載が残っている。私は、それらを手掛かりにし、あわせて出土文字資料を参酌することによって、『日本書紀』編纂以前の歴史を考察していきたいと考えている。

むすび

日本は、七世紀末に天皇制度を開始した。それは中国の政治制度である皇帝制度を導入したものであった。天皇は空間と時間、そして法と経済を支配する。その様相の解明は大きな学問的課題だと考える。小論では、このうち時間の支配について考察し、この観点から『日本書紀』の目的やその論理について私見を述べた。

時間の支配には、〈現在の支配〉〈未来の支配〉〈過去の支配〉があるが、『日本書紀』は〈未来の支配〉と〈過去の支配〉を実施するために、天皇の名のもとに編纂された書物であった。『日本書紀』は歴史を書き記すが、それは過去の事実に基づいて叙述されたものではなかった。天皇制度の成立にともない、天皇が自らの正当性を述べ、未来永劫にわたる天皇家の支配を宣言し、それに対応するあるべき過去を歴史として制定するというものだった。その営みは成功し、『日本書紀』はその後長い期間にわたって人々の歴史認識の根幹を規定していった。今日なお、『日本書紀』の思想は私たちの内面を呪縛し続けている。

〔参考文献〕

家永三郎「神代紀の文章に及ぼしたる仏教の影響に関する考証」『上代仏教思想史研究　新訂版』法藏館、一九六六年（『家永三郎集　二　仏教思想史論』再録、岩波書店、一九九七年）。

江浦　洋「一九九九年出土の木簡　大阪・難波宮跡」『木簡研究』二二、二〇〇〇年。

大隅和雄『日本史のエクリチュール』弘文堂、一九八七年。

同「史実と架空のあいだ」『日本の文化をよみなおす』吉川弘文館、一九九八年。

大津　透『天皇の歴史　一　神話から歴史へ』講談社、二〇一〇年。

大山誠一「『日本書紀』の構想」（同編『聖徳太子の真実』平凡社、二〇〇三年）。

同『天孫降臨の夢』ＮＨＫブックス、二〇〇九年。

岡田芳朗「日本における暦」『日本歴史』六三三、二〇〇一年。

同「日本最古の暦」『歴史研究』五〇三、二〇〇三年。

同「日本最古の暦―その年代推定と暦注解釈―」『しにか』十四―八、二〇〇三年。

沖森卓也・矢嶋泉・佐藤信『古代氏文集』山川出版社、二〇一二年。

鎌田元一「暦と時間」『律令国家史の研究』塙書房、二〇〇八年。

神野志隆光『複数の「古代」』講談社現代新書、二〇〇七年。

小島憲之他校注・訳『新編日本古典文学全集　日本書紀』一・二・三、小学館、一九九四～一九九八年。

坂本太郎『日本の修史と史学』改版、至文堂、一九六六年。

同『六国史』吉川弘文館、一九七一年。

同「日本書紀」（坂本太郎・黒板昌夫編『国史大系書目解題　上』吉川弘文館、一九七一年）。

瀬間正之「古事記は和銅五年に成ったか」『上代文学』一一〇、二〇一三年。

武田幸男「高句麗『太王』の国際性」『高句麗史と東アジア』岩波書店、一九八九年。

筑紫申真『アマテラスの誕生』講談社学術文庫、二〇〇二年。

津田左右吉「天皇考」初出一九二〇年、『津田左右吉全集　三　日本上代史の研究』岩波書店、一九六三年。

東野治之「天皇号の成立年代について」『正倉院文書と木簡の研究』塙書房、一九七七年。

同「日出処・日本・ワークワーク」『遣唐使と正倉院』岩波書店、一九九二年。

前田　勉『近世神道と国学』ぺりかん社、二〇〇二年。

増尾伸一郎「天皇号の成立と東アジア」（大山誠一編『聖徳太子の真実』平凡社、二〇〇三年）。

森　博達『日本書紀の謎を解く』中公新書、一九九九年。

同　　　『日本書紀成立の真実』中央公論社、二〇一一年。
吉田一彦『民衆の古代史』風媒社、二〇〇六年。
同　　　「聖徳太子信仰の基調—四天王寺と法隆寺」（同編『変貌する聖徳太子』平凡社、二〇一一年）。
同　　　『仏教伝来の研究』吉川弘文館、二〇一二年。
吉田　孝『日本の誕生』岩波新書、一九九七年。
渡辺　茂「古代君主の称号に関する二、三の試論」『史流』八、一九六七年

古事記の素材
―「国記」再論―

榎　英一

問題の所在

『古事記』の成立事情に関しては、その序文に次のように記されている。

於レ是、天皇詔之、朕聞、諸家之所レ賷帝紀及本辞、既違二正実一、多加二虚偽一。当二今之時一、不レ改二其失一、未レ経二幾年一、其旨欲レ滅。斯乃、邦家之経緯、王化之鴻基焉。故惟、撰二録帝紀一、討二覈旧辞一、削レ偽定レ実、欲レ流二後葉一。時有二舎人一、姓稗田、名阿礼。年是廿八。為レ人聡明、度レ目誦レ口、払レ耳勒レ心。即、勅二語阿礼一、令レ誦二習帝皇日継及先代旧辞一。然、運移世異、未レ行二其事一矣。……於レ焉、惜二旧辞之誤忤一、正二先紀之謬錯一。以二和銅四年九月十八日一、詔二臣安万侶一、撰二録稗田阿礼所レ誦之勅語旧辞一以献上者、謹随二詔旨一、子細採摭。

天武天皇がおっしゃった。諸家の持っている「帝紀」「本辞」は、既に誤っていて偽りが多いそうだ。今改めなければ何年もたたずに本来の趣旨が消えてしまうだろう。これは国家の原則、天皇政治の基本である。そこで「帝紀」「旧辞」をよく調べ、偽りを削り真実を定めて、正しく記録して後世に伝えたい。時に、稗田阿礼《ひえだのあれ》という舎人《とねり》がいた。二十八歳。人柄は聡明で、（外国の文字である漢字で書かれた日本語は）見ればただちに声に出して読むことができ、（人が読んだのを）聞けばただちにそれを記憶する。そこで阿礼にお命じになって、「帝皇日継」及び「先代旧辞」を誦み習わせた。しかしながら時世が変わって、そのことは完成しなかった。……元明天皇は、「帝紀」「先辞」が誤っているのを惜しみ、それを正そうとして、和銅四年九月十八日に、私安万侶に、稗田阿礼が誦むところの「勅語旧辞」を記録して献上せよとお命じになった。そこで私は謹んで仰せのままに事細かに記録した。

これが『古事記』の成立についての唯一の史料である。いわば証拠は本人の自白しか無いわけであるが、(1) これによれば古事記の素材は「帝紀（帝皇日継・先紀）」と「旧辞（本辞・先代旧辞）」である。同じものが違った名前で呼ばれているのは、これらは普通名詞であってまだ固定した名前を持っていなかったこと、および漢文の修辞法として平板を避けるために同じ事を違う文字で表記する技法が用いられているためである。要するに『古事記』は、「帝紀」と「旧辞」から成っている。

「帝紀」と「旧辞」はいっしょに扱われていて、それぞれがどのように違うのかは名称から推定するしか方法が無い。「帝紀」は天皇（およびその前身）に関することであろうが、天皇系譜だけであるとも(2)、また系譜以外に后妃、子女や事績について記しているとも(3)、また字の意味に即すれば帝王の事績を年次順に叙述したものの意(4)、とも推定されているが、決め手は無い。

「旧辞」は古い物語という以上のことはわからない。『古事記』が「帝紀」と「旧辞」から成り立っているのだから、『古事記』から「帝紀」部分を取り去った残りがそれだろうという推定しかしようがない。

「既に正実に違い、多く虚偽を加う」と言っているのは、これより前に唯一正しい「帝紀」「旧辞」が存在していたというのが、事実か否かはともかく、天武天皇の認識である。そう考えて時代を遡ると、推古朝に厩戸皇子（聖徳太子）と蘇我馬子が書物を編纂した記事がある。

皇太子と嶋大臣は共に議して、「天皇記」及び「国記」、「臣連伴造国造百八十部并公民等本記」を録す。（推古紀二十八年（六二〇）是歳条）

この記事は『類聚国史《るいじゅうこくし》』巻一四七「国史」にも収録されているから、『類聚国史』編者菅原道真は国史編纂であると判断していた。

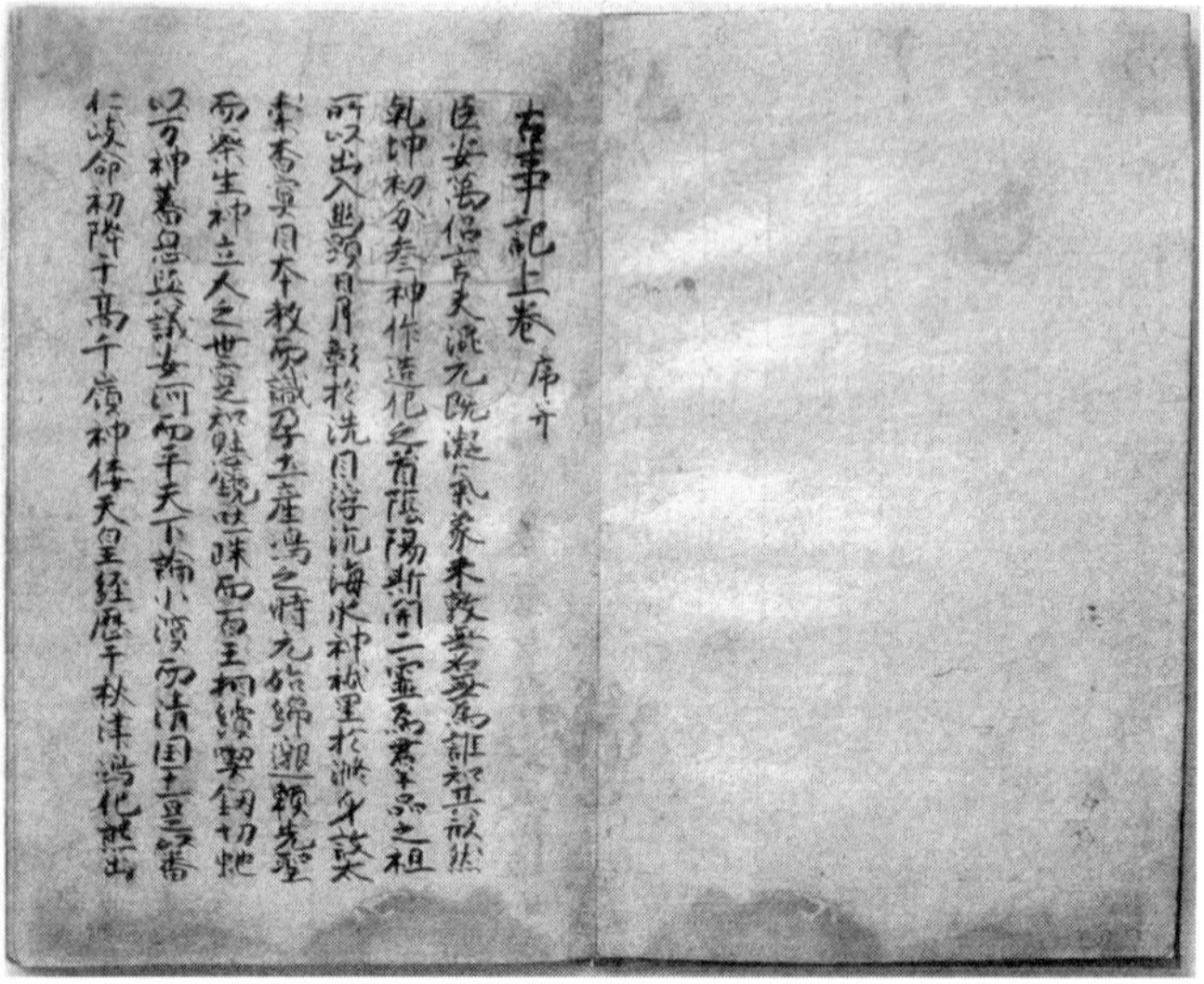
古事記上巻 并序
臣安萬侶言夫混元既凝氣象未效無名無爲誰知其形然
乾坤初分參神作造化之首陰陽斯開二靈爲群品之祖
所以出入幽顯日月彰於洗目浮沈海水神祇呈於滌身故太
素杳冥因本教而識孕土産嶋之時元始綿邈頼先聖
而察生神立人之世寔知懸鏡吐珠而百王相續喫劍切蛇
以萬神蕃息與議安河而平天下論小濱而清國土是以番
仁岐命初降于高千嶺神倭天皇經歴于秋津嶋化熊出

国宝『古事記』序文（真福寺蔵）編纂の経緯を記す。

「天皇記」「国記」はそれぞれ一つの書物の名称のようだが（ただし天皇号がこの時代に存在したか疑問）、「臣連…等本記」は一つの書物の書名としては熟さず、このまま一書なのか臣本記・連本記といった複数の書物なのかもわからず、そもそも編纂されたのかどうかも不明である。

かつて私は、「臣連…等本記」は「国記」の内容説明の注記であり、「国記」は諸氏の由来を記した氏族志のようなものであることを主張した。(5)

「帝紀」が天皇（およびその前身）に関することを記す書物ならば、それはまた「天皇記」とも呼ばれうるのではないか。本稿ではさらに進んで、「天皇記」「国記」は、それぞれ「帝紀」「旧辞」であるという推定を、おもに「国記」に関して述べることにしたい。

「国記」の内容

「臣連伴造国造百八十部并公民等本記」は『日本書紀』には推古紀の一カ所だけしか登場しないが、「天皇記」「国記」はもう一カ所、蘇我蝦夷・入鹿父子が滅びる乙巳《いっし》の変（六四五年。いわゆる大化の改新のクーデター）に登場する。これらは蘇我氏邸にあったという。

蘇我臣蝦夷等が誅されるに臨み、悉く天皇記・国記・珍宝を焼く。船史恵尺、即ち疾く焼かれるところの国記を取りて中大兄に奉献す。（皇極紀四年六月己酉条）

悉く焼けたのなら残りは無いはずだから、「所レ焼国記」とは焼かれるはずだった国記といったことであろう。この中大兄（のちの天智天皇）に奉献された「国記」がどういったものであるのかについては、『新撰姓氏録《しんせんしょうじろく》』序文（弘仁六年（八一五））が語っている。

允恭《いんぎょう》の御宇《ぎよう》、万姓紛紜《ばんせいふんうん》たり。時に詔旨《せうし》を下して、神に盟《ちか》ひて湯《ゆ》を探《さぐ》らしめ、実《じつ》を首《まを》す者は全《まった》く、虚《きょ》を冒《をか》す者は害《そこな》はる。茲《これ》より厥《そ》の後《のち》、氏姓《ししやう》自《おのづか》ら定りて、更に詐《いつは》れる人無く、涇渭《けいゐ》流《ながれ》を別《こと》にせり。皇極鏡《くわうぎょくかがみ》を握らせたまふときに、国記皆燔《みなや》け、幼弱は其の根源に迷ひ、狡強《かうきょう》は其の偽説を倍《ま》せり。天智天皇の儲宮《ひつぎのみこ》たりしとき、船史《ふねのふびと》恵《ゑ》尺《さか》燼書《じんしょ》を奉進《ほうしん》す。庚午の年に至りて、戸籍を編造して、人民の氏骨《うじかばね》、各《おのおの》其《そ》の宜《よろ》しきを得たり。(6)

補足すると、允恭朝の盟神探湯は、「群卿百寮及諸国造等、皆おのおの言う。或いは帝皇の裔《すえ》、或いは異《く》しくして天降《あまくだ》れり」（允恭紀四年九月戊申条）という事態に対して、諸氏の正しい由来を定めるものであった。『古事記』には「天下の八《や》十《そ》友緒《とものお》の氏姓を定め賜う也」とある。また庚午年籍は「氏姓之根本」（『続日本紀』天平宝字八年（七六四）七月丁未条）として永久保存される氏姓の基本台帳である。つまり九世紀初めの『新撰姓氏録』編者の認識では、「国記」は諸氏の「氏姓」の「根源」「根本」にかかわるものである。こうした書物は、諸氏それぞれの「本記」と呼ぶべきものではないか。

「国記」は「臣連…等本記」のことであり、諸氏の起源、系譜にかかわる、氏族志・姓氏録に類するものであろう。推古二十八年紀の「臣連…等本記」の文言は「国記」についての注記が本文に紛れ込んだものと推定する。

これがかつてのべた私見の最大の根拠である。ところがこの説は、つとに太田亮「遠飛鳥時代の国記編纂と庚午年籍」で主張されていたものであった。(7)

（『新撰姓氏録』の――引用者注）序文には国記が庚午年の戸籍の基本なるが如く載せて居るのである故、「国記」と「臣連伴造国造百八十部并公民等本記」とは同一物であらねばならない（一一頁）国記は臣連以下の諸本記全部を指す名称であって、推古天皇巻なる「天皇記及国記」とある国記の以下に挙げたる「臣連以下諸本記」なる語句は、要するに、国記なる典籍の説明に外ならず（一二頁）

しかしまたこれは、本居宣長も気づいていたようである。

かの蝦夷が焼し処に、国記といひ、聖徳太子修撰の処に、国記臣連伴造国造百八十部并公民等本記と云るなど、是にあたるべきか、（『古事記伝』二之巻）

私見はこれら先学の指摘の正しいことを再確認したものであった。

「氏姓之本」

諸氏それぞれの「本記」とは、その氏の起源、姓の始まりにかかわるものであろう。『新撰姓氏録』から一例を引く。

車持公《くるまもちのきみ》　上毛野朝臣と同祖。豊城入彦命《とよきいりひこのみこと》の八世の孫射狭君《いさのきみ》の後なり。雄略天皇の御世、乗輿《じょうよ(みくるま)》を供進せり。よって、姓を車持公と賜えり。　（左京皇別下）

豊城彦命は崇神天皇の皇子なので、この氏は「帝皇の裔」である。車持公の姓を賜った天皇と理由も明かである。この記事は「車持公の本記」と呼ぶことができるだろう。
氏の始祖が天皇の皇子であり、代々こうした職務で奉仕したという宣言ならば、古墳に埋納された剣の銘にも見ることができる。埼玉県行田市稲荷山古墳出土鉄剣銘である。

（表）辛亥年七月中記、乎獲居臣、上祖名意富比垝、其児多加利足尼、其児名弖已加利獲居、其児名多加披次獲居、其児名多沙鬼獲居、其児名半弖比、
（裏）其児名加差披余、其児名乎獲居臣、世々為㆓杖刀人首㆒、奉事来至㆑今、獲加多支鹵大王寺在斯鬼宮時、吾左㆓治天下㆒、令㆑作㆓此百練利刀㆒、記㆓吾奉事根原㆒也
（表）辛亥の年七月中、記す。ヲワケの臣。上祖、名はオホヒコ。其の児、（名は）タカリのスクネ。其の児、名はテヨカリワケ。其の児、名はタカヒシワケ。其の児、名はタサ

稲荷山古墳出土　鉄剣　国宝　市原市教育委員会

キワケ。其の児、名はハテヒ。
（裏）其の児、名はカサヒヨ。其の児、名はヲワケの臣。世々、杖刀人の首と為り、奉事し来り今に至る。ワカタケルの大王の寺、シキの宮に在る時、吾、天下を左治し、此の百練の利刀を作らしめ、吾が奉事の根原を記す也。

これはオワケの臣が、上祖から八代にわたって今に至るまで「杖刀人首」として大王に奉事してきた「奉事根原（源）」を宣言するものである。

この上祖が、銘文が刻まれた当時、孝元天皇の皇子であるオオヒコ（『日本書紀』に大彦命、『古事記』に大毘古命）と同一とされていたか否かは不明であるが、『新撰姓氏録』の場合、始祖は皇子から始まっている。それと同様に、このオオヒコはすでに天皇系譜に結びついていた可能性が大きい。そしてオワケの臣が仕えた大王は「獲加多支鹵大王」として特定される。つまりここには氏の起源、八代にわたる系譜、奉仕してきた職務、そして一代だけであるが大王の名も含んでいる。(8)

この鉄剣銘はなんらかの形で披露されただろう。つまりこの銘文は、秘蔵されることやひそかに副葬されるためのものではなく、埋葬儀礼のある段階かで、太陽に金象嵌《きんぞうがん》の文字を輝かせながら、朗詠とともに公開されることを目的として作られたのだろう。文字を刻む対象が鉄剣ということで文字数は制約されるが、おそらく八代のそれぞれに伴う物語が存在した。語り継がれることで、氏姓の根源は記憶され続ける。(9) なおこれは同時に、天皇(その前身)の名も含んでいることは注意が必要である。また「因幡国伊福部臣古志《いなばのくにいほきべのおみこし》」は伊福部臣氏の系図であるが、次のようにある。

この久遅良臣《くじらのおみ》は、小治田宮御宇豊御食炊屋姫《とよみけかしきやひめ》天皇(推古天皇)の庚辰年(推古二十八年)に、「臣連伴造国造諸民本記」を定め賜う時に、先祖等が仕え奉ったことを具《つぶさ》に顕《あき》らかにもうしあげて、国造として仕え奉り、小智の冠位を授かった。

これは「臣連…等本記」が本文に入り込んでしまってからの『日本書紀』をもとに記されたものである。これが史実か否かはともかく、推古朝の「本記」が「先祖等奉仕状」を記すものであり、これを根拠として国造に任じられ冠位を授けられることがあるという認識を示している。こうした本記は、氏姓の根本といってよい。そして「氏姓之本」の語が、推古朝での堅塩媛改葬の儀式に現れる。

皇太夫人堅塩媛《きたしひめ》を桧隈《ひのくま》大陵に改葬す。この日、軽の街《ちまた》で誄《しのびごと》す。第一に阿倍内臣鳥、天皇の命を誄す。則ち霊に奠《そな》える明器明衣《めいきめいい》の類、万五千種。第二に諸皇子等、次第を以ておのおの誄す。第三に、中臣宮地連烏摩侶、大臣の辞を誄す。第四に、大臣、八腹臣等を引率し、すなわち境部臣《さかいべのおみ》摩理勢《まりせ》を以て氏姓の本を誄す。時の人云う、摩理勢、烏摩侶の二人はよく誄す。ただ鳥臣は、誄するあたわず。

（推古紀二十年（六一二）二月庚午条）

蘇我氏出身の堅塩媛（用明天皇と推古天皇の母）は夫である欽明天皇の檜隈大陵に合葬された。既にどこかに葬られていたのを、わざわざ改葬したのである。これは蘇我氏の権勢を示す儀式である。その中でさまざまな誄が奏上されている。誄は本来は死者を追悼する言葉であるが、実質はその場に参加している生者に聞かせる、衆人環視のもとでの口上である。

儀式の最後に、大臣蘇我馬子が一族を率いて見守るなかで、馬子の弟・境部摩理勢が「氏姓之本」を誄した。これは諸氏に対して誇るべき蘇我氏の由来であろう。

天武天皇の殯《もがり》（埋葬までの間の葬礼）においてもさまざまな誄が奏上されているなかに、「諸臣」の誄がある。

諸臣おのおの己が「先祖等所仕状《せんぞらのつかえまつれるかたち》」を挙げて、たがいに進みて誄《しのびごと》たてまつる。

（持統紀二年（六八八）十一月戊午条）

「先祖等所仕状」とは、わが氏は先祖代々、時の天皇にこのように仕えてきた。故天皇に対しても、また次代の天皇に対してもその奉仕は変わらない、といった宣言であろう。記録としてはこの天武天皇の殯で行なわれたことしか残っていないが、同様の誄は他の天皇の殯でも奏上され、確認し続けられていただろう。

天皇に対しては「先祖等所仕状」であるが、氏の名や姓は天皇から与えられるものであるから、それは同時に先祖の功績であり、「氏姓之本」と呼ばれうるものである。

氏姓の本はそれぞれの氏が起源・由来として持っており、それぞれの氏の葬儀においても語られただろう。たとえば功臣の葬儀においては、本人だけでなく先祖の功績も思い起こされている。

大伴連《おおとものむらじ》望多《もうた》薨《こう》ず。天皇大いに驚き、則ち泊瀬王を遣わし弔わしむ。なお壬申年の勳績および先祖等の時ごとの有功を挙げて、顕らかに寵賞す。よって大紫位を贈る。鼓吹を発して葬る。

（天武紀十二年（六八三）六月己未条）

望多の後継者の葬儀においては、望多の「壬申年勳績」は新たに「先祖等毎ㇾ時有功」に追加されることになっただろう。

すべての氏はなんらかの形で、氏姓の本と天皇系譜を持っていた。その氏姓の本は、一族の葬儀においては朗詠といった形で語られたのではないか。また墓碑・墓記・墓誌にも記載されただろう。『新撰姓氏録』編纂の苦労として序文には、「書府の秘蔵を開き、諸氏の苑丘を尋ねる」とある。苑丘は墳丘で、墓碑を探ったの意である。

推古朝と天武朝の事情

推古朝の政策として著名な冠位十二階・十七条憲法はいずれも官僚制の創出にかかわるものであるが、その前提は氏の秩序であり、そのうえでの個人の任用である。氏の尊卑、秩序を保証するのは歴史的由来である。推古朝では、あるいはその前から、諸氏が所有しているそれぞれの「氏姓之本」を確認、また整理統合する作業が行なわれた。

「氏姓之本」は、その時代を某天皇の時にと示すことで天皇系譜を含んでいる。したがってこの事業は、天皇系譜、そこから派生する皇子女、またその母である天皇のキサキの確定作業も必須とする。

堅塩媛の「皇太夫人」は推古朝当時は存在しなかった称号であり後世の書き換えがあるが、堅塩媛を皇太夫人相当にするという天皇系譜上の位置づけが行なわれた結果が、推古二十年（六一二）の改葬であろう。

そして諸氏の氏姓の本の認定が一定の成果をあげた結果が、次の記事と考えられる。

砂礫《さざれいし》を以て桧隈陵《ひのくまのみささぎ》の上に葺《ふ》く。則ち域外に土を積みて山を成し、よりて氏ごとにおおせて大柱を土山の上に建てしむ。時に倭漢坂上直《やまとのあやのさかのうえのあたい》の樹てし柱は勝《すぐ》れて太《はなは》だ高し。故に時の人号して、大柱直《おおはしらのあたい》という。

（推古紀二十八年（六二〇）冬十月条）

これは被葬者欽明天皇・堅塩媛に対して奏上する「先祖等所仕状」「氏姓之本」、あるいはそれを想起させる文字を刻んだものだったのではないだろうか。

そしてこの同じ推古二十八年の是歳条には、天皇記・国記編纂の記事がかけられている。一般に是歳条記事は、この年に事業が開始したのか終了したのか、あるいは特定の年紀にかけられない事項を掲載したのか判断に迷うのだが、この記事の次の項目は推古二十九年二月癸巳条になり、厩戸豊聡耳皇子命が斑鳩宮に薨じたことを記す。

二十八年是歳条が編纂開始を意味するならば、その事業は進展する時間的余裕がほとんど無かったことになる。また完成を意味するならば、完成した書物がずっと蘇我氏邸に置かれていた理由が不明である。

これは次のような事情を示すのではないだろうか。

氏の由来や系譜を定める作業は、大きな権威と権力を必要とする長期間の難事業であり、すべての関係者を納得させるといった点からは、いつまでたっても未完成であろう。この事業は推古朝を通じて、あるいはその前から行なわれていた。またいったん完成したはずの部分であっても、その後諸氏が勝手に改変すること無く維持するには、制定した時と同様の権威と権力とで押さえつけておくしかない。乙巳の変に蘇我氏邸にあったというのは、ほとんど完成はしたが細部の調整は不十分といった状態で放置されたような状態だったのではないか。

天皇記・国記編纂の記事は、特定の年と限定できないものを、皇子の事績として、また天皇記・国記の権威付けとして、皇子の薨去記事の直前に挿入したのだろう。

なお、「天皇記」の名称が推古朝当時のものだったのか否かは天皇号の成立時期にも関わるが、その内容が天皇およびその前身に関するものであることは確実である。問題はむしろ「国記」の名称である。臣連以下、当時のすべての氏に関することが「国」と表記されるわけである。

これは「天《あめ》・国《くに》」と対応した書名ではないか。中国古典の「天に二日無く、土に二王無し」(10)を「天に二日無く、国に二王無し」(皇極紀元年是年条)とした例、漢語の「天神地祇」を、「天つ神」「国つ神」と訓ずる例は、いわば全世界を天・土、天・地ではなく、天・国とみる思想であろう。『日本書紀』で確実な殯記事の最初は欽明天皇であるが、その和風諡号が「アメクニオシハルキ」の語を含むことも参考になる。「天皇記」「国記」は、元来は「天記」「国記」として構想されたものではないだろうか。国記を「国」(地域)ごとの「本記」とみる説(11)があるが、地域としての「国」は推古朝にはまだ成立していないと考えるので、賛成できない。

天皇記・国記の編纂事業とは、当時の王権の下にあるすべての氏の秩序の再構成を意図したものであっただろう。

さて、氏姓の本の確認、調整作業がふたたび行なわれるのは天武朝である。昇進の前提としての勤務評定は勤務成績だけではなくその「族姓」も判断基準であり、たとえ実績や能力が優れていていても、「族姓」が定まっていない者は評定の対象としてはいけない（天武紀十一年（六八二）八月己未条）というのは、官人の任用は「族姓」が最優先だという当時の常識を改めて確認したものだろう。

氏上《うじのかみ》を定めて届け出よ。一族が多ければ分けて各々氏上を定めよ（天武紀十年九月甲辰条、十一年十二月壬戌条）という命令は、その氏人を限定することでもあり、改賜姓の範囲や、ひとつの氏から一人が出るという場合などに関係する。自律的に氏上を決めることができない氏に対しては王権が介入することになる。

そして、氏の範囲が確定した氏に対して、真人以下の八種類の新しい姓が与えられた。

詔して曰く。更に諸氏の族姓を改めて、八色《やくさ》の姓《かばね》を作り、天下の万姓を混《あ》わせん。一を真人という。二を朝臣という。三を宿禰という。四を忌寸という。五を道師という。六を臣という。七を連という。八を稲置という。

（天武紀十三年（六八四）十月己卯条）

姓の根拠は歴史的なものである。八色の姓は、諸氏の出自、天皇家との系譜関係の親疎によって改めて諸氏を序列化したものである。天武天皇の殯における諸臣の「己先祖等所仕状」の誄の内容は、氏の起源も姓の由来も、公式的に承認されたものだったのだろう。

『古事記』の編纂と国記

帝紀が「帝皇日継」とも呼ばれうるものならば、その内容についてはまだ手がかりがある。「日継」は、日続・日嗣と同じで皇位や皇統といった意味だが、「日嗣」は天皇の葬儀の場で誄されている。舒明天皇、天武天皇の葬儀の記事に次のようにある。

息長山田公《おきながのやまだのきみ》、日嗣《ひつぎ》を誄奉《しのびごとたてまつ》る。（舒明天皇の葬儀。皇極紀元年（六四二）十二月乙未条）

直広肆当麻真人智徳《たぎまのまひとちとこ》、皇祖等の騰極《とうぎよくの》次第《しだい》を誄奉る。礼なり。古は日嗣という。畢りて大内陵に葬る。（天武天皇の葬儀。持統紀二年（六八八）十一月乙丑条）

この「日嗣」は、「皇祖等之騰極次第」つまり代々の天皇の系譜とその継承の次第といった事柄である。おそらく語るというよりは朗詠されたものであり、最後に故天皇の名を付け加えて完了するのだろう。あるいはその後継者の名も付け加えたのかも知れない。

この「皇祖等之騰極次第」である日嗣も、帝紀と呼ばれうるものであろう。そして天皇の葬儀において、そのつど、その内容は確認され続けてきたのだろう。

帝紀がこのような存在だったとしたら、その対となって想起される旧辞も、同様のものではないか。旧辞は古い物語一般ではなく特定の物語、すなわち「皇祖等之騰極次第」と対になる、諸氏の先祖が天皇の即位・治世を助けたという「先祖等所仕状」「氏姓之本」ではなかっただろうか。これはまた諸氏の本記と呼ぶこともできる。

要するに、ひとくみのものとして現れる、帝紀・旧辞、皇祖等之騰極次第・先祖等所仕状、天皇記・国記は、同じものを指しているのではないだろうか。

「氏姓之本」を地理的条件、あるいは出自が「帝皇之裔」か「異之天降」かなどによって、いわば横に並べると、氏族誌・姓氏録になる。国記・旧辞はそのようなものであっただろう。これを各天皇代ごとに分解し時系列によっていわば縦に配列すると、史書になる。帝紀と旧辞を素材にしてつくったという『古事記』が、これだったのではないだろうか。

推古朝に編纂されたという「天皇記」「国記」は、『古事記』の素材となった帝紀・旧辞であると推定する。これが本稿の乏しい結論である。そしてこれは実は、かつて本居宣長が指摘したことである。本稿はそれを再確認したものである。

帝紀は、下文に帝皇日嗣とあると同じく、御々代々の天津日嗣を記し奉れる書なり、書紀天武御巻の、川嶋皇子等の修撰の処にも、帝紀とあり、推古御巻の、皇太子の修撰の処、又皇極御巻の蘇我蝦夷が焼つる処などには、天皇記とあり、国史などいはずして、かく帝紀天皇記といへるぞ古の称なるべき、本辞は、下文に先代旧辞とあると同じ、かの蝦夷が焼し処に、国記といひ、聖徳太子修撰の処に、国記臣連伴造国造百八十部并公民等本記と云るなど、是にあたるべきか、川嶋皇子等の修撰のところに、上古諸事とあるは、正しくこれなり、

(『古事記伝』二之巻[12])

〈銘文〉　左京四條四坊従四位下勲五等太朝臣安萬侶以癸亥年七月六日卒之　養老七年十二月十五日乙巳

太安万侶墓誌
重要文化財　文化庁

注

（1）これが『古事記』偽書説の出てくるゆえんである。偽書説のまとめと批判は、矢嶋泉『古事記の歴史意識』（吉川弘文館、二〇〇八年）参照。「和銅五年の成立を客観的・論理的に否定するものは存在しない」（同七九頁）。

現在有効な偽書説の論拠は、正史である『日本書紀』『続日本紀』に成立の記事がないことである。勅撰の史書であるならば当然正史にその成立が記述されているはずだ、という常識である。矢嶋前掲書、三浦佑之「古事記「序」を疑う」（『古事記年報』第四七号、二〇〇五年）、同『古事記のひみつ』吉川弘文館、二〇〇七年、等。しかしこの常識は疑わしい。

六国史の成立に関する記録は、『類聚国史』巻一四七「国史」にまとまっている。『類聚国史』は六国史の記事を分類編成したものだが、そこには各国史の序も含んでいるので、それぞれの編纂事情は判明する。しかし実は六国史すべてについての撰上記事が存在しているわけではない。

『日本書紀』は『続日本紀』養老四年（七二〇）五月癸酉条に奏上記事がある。

『続日本紀』は『日本後紀』延暦十三年（七九四）八月癸丑条、十六年（七九七）二月己巳条、癸酉条に完成についての記事がある。

『日本後紀』は、序によれば、弘仁十年（八一九）藤原冬嗣らに編纂を命じ、承和七年（八四〇）十二月九日（序の日付）撰上である。ところが『続日本紀』には承和八年（八四一）十二月甲申条に「修㆓日本後紀㆒訖、奏御」とある。つまり正史には『日本後紀』の撰上記事だけがある。

『続日本後紀』は『文徳実録』斉衡二年（八五五）二月丁卯条に藤原良房らに「修㆓国史㆒」を命じ

る記事がある。序は貞観十一年（八五九）八月十四日付けであるが、『三代実録』に撰上の記事は無い。

『文徳実録』は藤原基経らによる元慶三年（八七九）十一月十三日の序があって編纂事情についても記すが、編纂・撰上に関する記事は『三代実録』には無い。

『三代実録』は延喜元年（九〇一）八月二日の序は現存するが、その時代を収録する国史は無い。

つまり『続日本後紀』『文徳実録』の撰上記事は正史に存在しない。『三代実録』を除く五国史のうち二つは国史に撰上記事が存在しないのだから、史書の編纂・奏上が正史に必ず記載されるほどの重要事項であったとは言い切れないのである。

ただし、『三代実録』貞観十二年（八七〇）二月十九日の春澄善縄薨伝に「奉㆑詔撰㆓修続日本後紀廿巻㆒」、元慶四年（八八〇）八月三十日菅原是善の薨伝に「撰㆓文文徳天皇実録十巻㆒、文章博士都朝臣良香預之」とあるから、正史によって『続日本後紀』『文徳実録』の存在したことや、その編者・巻数を知ることはできる。編者個人の業績を回顧したときにたまたま国史編纂が想起される場合もありうるということであって、史書の編纂記事の記載とは性格が違う。

（2）津田左右吉『日本古典の研究　上』（『津田左右吉全集』一、岩波書店、一九六三年）四一頁など。

（3）武田祐吉『古事記研究帝紀攷』（『武田祐吉著作集』二、角川書店、一九七三年）一〇四頁など。

（4）新編日本古典文学全集『古事記』小学館、一九九七年、二二頁頭注。

（5）榎「推古朝の『国記』について」（『日本史論叢』第五輯、一九七五年）。

（6）訓読は、佐伯有清『新撰姓氏録の研究　考證篇第一』吉川弘文館、一九八一年、による。

（7）「遠飛鳥時代の国記編纂と庚午年籍」（『立命館大学論叢』二、一九四一年）。この論文の存在は、角林文雄「『国記』の性格」(『日本古代の政治と経済』吉川弘文館、一九八九年)の教示による。なお太田亮『全訂　日本上代社会組織の研究』邦光書房、一九五五年、九三頁にも同じ事を記している。

(8) 角林文雄「『帝紀』の成立と性格」(前掲)は、稲荷山鉄剣銘の背後に、文字で表記された「帝紀」が存在するとする(二八一頁)。

(9) 古墳に埋納されたのは、こうした役割が終わったからである。モノを媒介としなくとも、権威が承認されるようになったからだろう。

(10) 「呉志・諸葛恪伝」「礼記・曽子問」(日本古典文学大系『日本書紀』頭注による)。

(11) 角林文雄「『国記』の性格」(前掲)、関根淳「天皇記・国記考」『日本史研究』六〇五、二〇一三年。

(12) 『本居宣長全集』巻九(筑摩書房、一九六八年)七一頁。

声と文字の時空—文字の力とうた—

岩下武彦

はじめに——きっかけは、一片の木片だった

「タクサン！　ナンカ字イカイタルデ」。

このひとことが、古代史、・古代文学の常識・通説を大きく塗り変える、歴史的な第一声であった。一九六一年一月二四日、小雪の舞う平城宮跡発掘調査中のことである。声の主は、当時国立奈良文化財研究所技術補佐員の、寺田崇徳氏。声をかけられた相手は、田中琢氏である。カタカナ表記の関西弁と、「！」符号が、当時の現場の緊張と昂奮を、まざまざと示してくれる。田中氏によると、

……現場にいたのは、研究補佐員のわたしと崇憲氏の二名だけであった。……バケツと筆、ブ

ラシ等を用意し、出土品を粗洗いし、確認しながら発掘を進めていた。といっても、木片に文字のある可能性を意識していたわけではない。崇憲氏のこまやかな注意力が第一号の木簡を発見させたのだった。

(「木簡第一号発見のころ」『木簡研究』1　一九七九・11　木簡学会　一二五〜一二七頁)

という。「木片に文字のある可能性を意識していたわけではない」というところに、当時の出土資料に対する認識がうかがえる。現場の担当者であった「崇憲氏のこまやかな注意力が第一号の木簡を発見させたのだった」という記述も、世紀の大発見が、ひたすら出土資料に集中して、先入観にとらわれない、現場の目によって、初めて可能だったことをはっきりと示していて印象深い。田

当時発見された木簡

「寺請小豆一斗醬一斗五升大床所酢末醬等」「右四種物竹波命婦御所三月六日」と読める。(木簡学会編『日本古代木簡選』)

中氏が木簡発見の意義について、「歴史考古学の歴史時代はこのときから始まった」という通りで、以後、古代国家が文字（＝漢字）によって成り立っていった過程が、明らかにされてきたのである（平川南・沖森卓也・栄原永遠男・山中章編『文字と古代日本 1〜5』吉川弘文館 二〇〇四〜二〇〇六、東京大学教養学部国文・漢文学部会 編『古典日本語の世界 漢字がつくる日本』東京大学出版会 二〇〇七など）。

ここでは、一片の木片に記された文字の発見に端を発した、上代文学についてのとらえ方の変化のあらましを描きたい。「文字の力」について考える上で、もっとも端的にそれを示す例だと思うからである。

声と文字――「初期万葉」をどう考えるか

1、文字テキストとしての上代文学

上代文学の表現について考えようとするとき、まず可能な限り文字以前の表現について、それがどのようにあり得たかを考えてみる必要がある。といっても、結局は文字資料によって、以前の姿を推測するしかない。しかし、これまでほぼ無条件に文字以前の表現をとどめていると考えられてきた、古事記や日本書紀の「神話」や歌謡、またいわゆる「初期万葉」の歌を、記紀や万葉が記している時代の作品として、無批判に受け止めることに、疑問が提起されている（梶川信行『初期万葉

論』笠間書院　二〇〇七）。そのことについて、ふれておきたい。

古事記や日本書紀は、七世紀末から八世紀初頭にかけて、当時の政治的状況と密接に関わって、成立した作品であることが確かめられている（神野志隆光『古事記の達成　その論理と方法』東京大学出版会　一九八三、同『古代天皇神話論』若草書房、一九九九）。古事記は、高天原という神話世界の統治神アマテラスの神統を承ける、神武以来の皇統に連なる天皇が、大八洲国を統治することの正当性を、自らの言語によって説く書である。日本書紀は、冊封体制の枠内にあって、独自の立場から自らの王権の正当性を、当時のグローバル言語である漢文（中国語文）によって、中国および東アジア世界に対して主張する。いずれも、七世紀末から八世紀初頭古代国家の成立期に、その思想的、政治的状況に対応して成ったもので、王権の正当性と国家の基盤を、漢字によって、打ち立てようとする営みであった。

2、文字以前へのアプローチ

神野志氏は、そういうテキスト批判を万葉集にも適用し、全二十巻を、統一した総体としてとらえるべき、という（「『歴史』としての『万葉集』『万葉集』のテキスト理解のために」国語と国文学　87・11　二〇一〇）。それに対して、編纂の時期や、編集者を特定できる古事記や、日本書紀の場合と、万葉集の場合を等し並みにとらえてよいのか、という批判が提起されている（西澤一光「人麻呂歌集

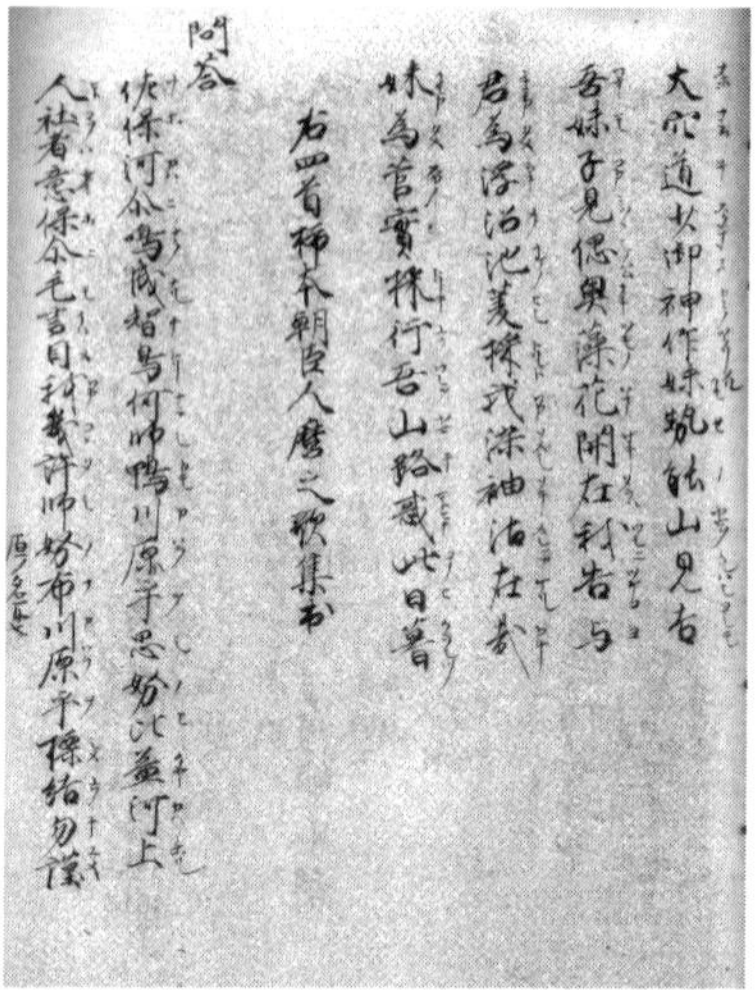

『西本願寺本万葉集』巻七　人麻呂歌集（主婦の友社）　他の部分より、極端に字数の少ない特徴が看て取れる。

における『辞』の文字化をめぐって」『論集上代文学』33　笠間書院　二〇一一、同「テキストとしての『万葉集』」『アナホリッシュ国文学』1　響文社　二〇一二・12）。西澤氏は、

『万葉集』という全体性が「書物」の「書物」、「集」の「集」としてあるということ、性質や伝来の点で異質な複数の資料が——原本の体裁を維持しつつ——『万葉集』という全体に収められている……

として、それを「集蔵体」と呼ぶ。固定的・一回的なテキストとしてあるのではない。収録された個々の資料それ自体が、独自の成り立ちと性格を持ち、その特徴を保ったまま「集蔵」されてある。そういうありようを、そのあるがままに生態としてとらえるべきだというのである。万葉集の原資料の多様性を認め、その資料批判を通して、万葉以前への視野を拓くものでもある。

もう一つ考えなければならない要素として、近年地方の遺跡から、歌を書いたといわれる木簡が相次いで出土している事実がある。その過半を占める「なにはづ」の歌謡を書いた木簡について

は、近年宮町遺跡から出土した「あさかやま」の歌と表裏に書かれた例が、手がかりとなる。古今集仮名序に「この二歌《ふたうた》は、歌の父母《ちちはは》のやうにてぞ手習ふ人の初めにもしける」（小沢正夫、松田成穂校注・訳『新編日本古典文学全集　古今和歌集』小学館　一九九四）とあるように、手習いとして書かれたものと考えられ（品田悦一「漢字と『万葉集』　古代列島社会の言語状況」『古典日本語の世界　漢字がつくる日本』前掲）、これらは書き手が歌を表現したものといえるかどうか問題であろう。手習いとして書かれた、いろは歌の詞句の一部を以て、歌を書いた、とはいえないのと同様である。

品田氏は、「歌を〈書く〉こと」について、歌うこととの関連で次のようにいう。

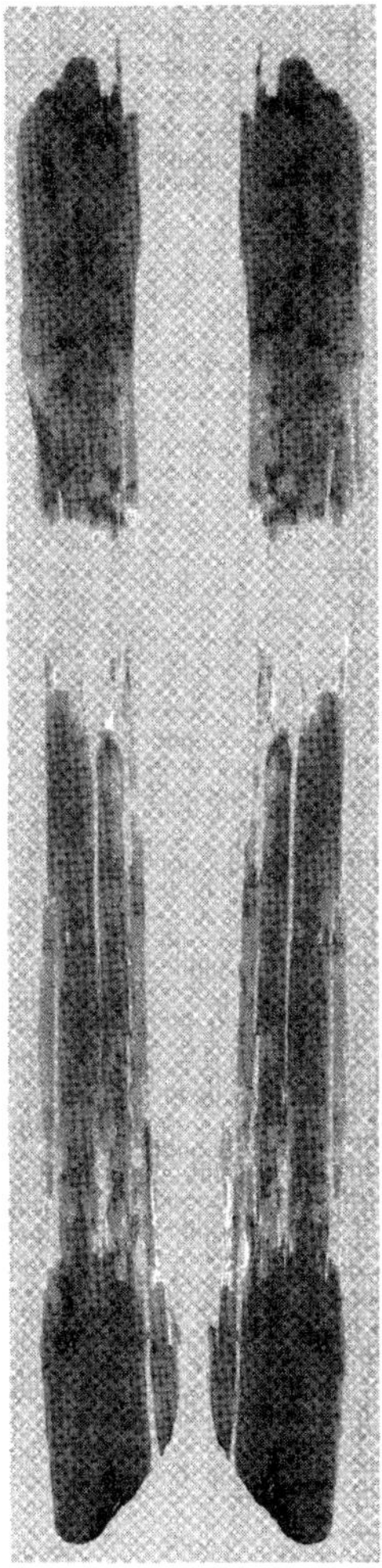

浅香山木簡　表裏赤外線デジタル写真
『紫香楽宮跡関連遺跡発掘調査概報』甲賀市教育委員会 2008 年

歌はもともと声に出して歌うもので、リズムや旋律、また抑揚や音色といった身体的諸契機と分かちがたく結びついていました。歌を〈書く〉こと——読まれるものとして書くこと——は、一面では歌からそうした諸契機を剥奪する行為でもある以上、文字の歌は声の歌とはおよそ異質なものとならざるをえません。

という。「即興性」が「やまと歌の本来の特徴」であり、「折にふれ詠出され、その場その場の感興を満たすと、あとは忘却に任される」というありようから、「ある時ある場所である人が詠じた歌を後々まで伝えようというような意欲は、当初は一般に稀薄だった」のであり、「そうした意欲が高まったのは、……おそらく七世紀中葉以降、宮廷文化として精錬されていく過程でのことで、五・七音節定型が確立するのもそれと包み合う事態だった」という。そうして、斉明紀の建王挽歌について、「斉明天皇が」「歌を記録させようとはしなかった」のは、「記録されただけでは歌が伝わることにならないと思っていたのではないでしょうか。」といい、

歌の生命は生き身の人間の声に宿る——そう信じていた当時の人々にとって、歌が伝わるとは人々に記憶されて口の端にのぼることであって、書かれて残ることなどではなかった

と指摘している（前掲論）。そうとらえたとき、初期万葉歌の表現はどうとらえ直されるのか。

初期万葉――声の表現の時空

具体的な例に即して考えたい。

額田王《ぬかたのおほきみ》、近江國《あふみのくに》に下《くだ》る時に作る歌、井戸王《ゐのへの》の即《すなは》ち和《こた》ふる歌

味酒《うまさけ》三輪《みわ》の山　青丹吉《あをによし》奈良の山の　山の際《ま》にい隠《かく》るまで　道の隈《くま》い積《つも》るまでに　委曲《つばら》にも見つつ行かむを　數々《しばしば》も見放《さけ》む山を　情《こころ》無く　雲の　隠障《さ》ふべしや　（１・一七）

反歌

三輪山を然《しか》も隠すか雲だにも情《こころ》有《あ》らなもかくさふべしや　（１・一八）

右の二首の歌は、山上憶良大夫《やまのうへのおくらだいぶ》の類聚歌林《るゐじうかりん》に曰《いは》く、「都を近江國に遷す時に、三輪山を御覧《みそこなは》す御歌《みうた》なり」といふ。日本書紀に曰く、「六年丙寅《へいいん》の春三月辛酉《しんいう》の朔《つきたち》の己卯《きばう》に都を近江に遷す」といふ

綜麻形《へそかた》の林の始《さき》の狭野榛《さのはり》の衣《きぬ》に著《つ》く成《な》す目につくわがせ　（１・一九）

右の一首の歌は、今案《かむが》ふるに和ふる歌に似ず。但《ただ》し、舊本に此《こ》の次《つぎて》に載《の》せたり。故以《このゆゑ》に猶《なほ》し載せたり。

（以下、万葉集の引用は、木下正俊他『萬葉集本文篇　ＣＤ―ＲＯＭ版をもととして、諸本により校訂した。また、訓は私見を以て改めたところもある。）

1、題詞・左注と歌

題詞の「額田王、近江國に下る時……」について、さまざまの議論があるが、額田王と井戸王と王族の二人が、同時に「近江國に下る」ということが普通にありうるというのは、当時の事情とはかけ離れた見方であろう。公式令《くしきりょう》以下には、公的な行旅の際の事こまかな規定がある（井上光貞他『日本思想体系　律令』岩波書店　一九七六）。律令体制の整った後ほどきゅうくつではないにしても、身分のある人びとが、暇にまかせて自由に往来するような状況ではなかったはずである。まして、「近江國」は、大化改新詔（小島憲之他校注・訳『新編日本古典文学全集　日本書紀　3』小学館一九九八）では畿外とされる。二人が「近江國に下」ったのは、よほどの事情があってのことと考えなければならないであろう。それを「都を近江國に遷す時」と特定できるかどうかは、うたそのものに帰ってみなければならない。

冒頭「味酒三輪の山」とうたいだしたとき、歌い手を含む一行は、三輪山を眼前にしていたはずである。

A　籠もよみ籠持ち　ふくしもよみぶくし持ち　この岡に菜摘ます児　家告らせ名告らさね　（1・一　雄略御製）

B　大和には群山ありと　とりよろふ天の香具山　登り立ち　国見をすれば……　（1・二　舒明御製）

C　香具山は畝傍をしと　耳梨と相争ひき……　（1・一三　中大兄）

などと比較すれば、明らかであろう。A～Cの歌の歌い手は、「この岡」「天の香具山」「香具山」を、現に目《ま》のあたりにして歌い出すのであり、これらに照らして、ここも、眼前にそびえる三輪山に、歌いかけたのであろう。

そう歌い出して、すぐに目を移して、行く手に見える「青丹吉奈良の山の　山の際にい隠るまで」と歌い継いでいる。これも、口誦の歌の「はぐらかし」の技法と思われる。一首全体の構成も、あらかじめ構想されていたというより、歌いついでゆく次第に、成り立ったものと考えられよう。「歌の叙述はある時点（三輪山を見放《さ》ける時点）をこえた広がりは基本的にはもたない」（神野志隆光『柿本人麻呂研究』塙書房　一九九二）というのが思い起こされる。

2、三輪山惜別歌の「今」「ここ」と歌の主題

「山の際にい隠るまで」「道の隈い積るまで」と歌われるのは、三輪山から見はるかせる限りの行く手をうたうのであり（神野志氏前掲論）、「未来」とはいってもそれは永劫につながるような遠い未来ではなく、あくまでも、三輪山を目の当たりにしている「今」とつながる限りでの未来である。そうでなければ、三輪山とつながってありたいと思う心から生み出される、惜別の思いは歌えないであろう。また、「奈良の山の山の際」が、「想像においてのみよびこまれた地点」で「眼前にないも

のとして想起する」（身崎壽『額田王　万葉歌人の誕生』塙書房　一九九八）というのも、事実とは異なっていよう。三輪山から目を転じて、見納めの境となる奈良山を歌うという発想は、現に奈良山を目にしていなければ出てこないのではないか。このうたの〈対句〉的構成も、三輪山を仰ぎつつ、同時にその彼方の奈良山を視野に収めることで、初めて可能だったのだと思う。

　つまり、この歌は、あくまでも三輪山を目の当たりにして、「今」「ここ」にこだわり、三輪山とつながってありたいという心を表現しているということになる。三輪山が倭の国霊のこもる聖なる山と考えられていた（記・崇神）とすれば、この惜別の情は、決して三輪山との一時的な別れを嘆くようなものではないだろう。しばらくすれば戻ってきて、再見できるような例

国霊のこもる三輪山

えば、「幸くあり待てまたかへり見む」（9・一六六八）という歌い方ができるような別れではない。「委曲にも見つつ行かむを　數々も見放む山を」と、繰り返し「見」ることを誓うよりほかなかったのは、「またかへり見」ることを期しがたかったからだろう。そう考えると、歌の内容そのものが、特別な旅を示唆し、それを遷都と結びつけうる蓋然性を示していると思われる。

人麻呂作品の時空——文字の表現

比較のために、先の例にならい、文字の歌の代表例として、人麻呂の近江荒都歌を掲げる（本文中の異伝は省く）。

近江の荒れたる都に過る時に、柿本朝臣人麻呂が作る歌

玉だすき畝傍の山の　橿原のひじりの御代ゆ　生れましし神のことごと　つがの木のいや継ぎ継ぎに　天の下知らしめししを　天にみつ大和を置きて　あをによし奈良山を越え　いかさまに思ほしめせか　天ざかる夷にはあれど　石走る近江の国の　楽浪の大津の宮に　天の下知らしめしけむ　天皇の神の尊の　大宮はここと聞けども　大殿はここと言へども　春草の繁く生ひたる　霞立ち春日の霧れる　ももしきの大宮所　見れば悲しも　（1・二九）

反歌

楽浪の志賀の唐崎幸くあれど大宮人の舟待ちかねつ　（1・三〇）

楽浪の志賀の大わだ淀むとも昔の人にまたも逢はめやも
（1・三一）

1、近江荒都歌の皇統譜と時間

この作品の第一の特徴は、主題である大津京を歌い出すのに、「橿原のひじり」の統治から歌い出すことである。この皇統譜の表現が、口誦の表現と全く異質であることは、「生れましし神のことごとつがの木のいや継ぎ継ぎに」という表現でも明らかであろう。口誦の表現なら、「生れましし神」のいちいちの固有名が「いや継ぎ継ぎに」列挙されるはずだからである。それは、列島で記された最初の資料とされる稲荷山古墳出土鉄剣金象嵌銘（本書一三三頁に掲載）に、オオヒコからヲワケノオミに至る祖先名が、「其児……」の形で次々に列挙される系譜で記されるのを思い起こせば明らかだろう。そういう系譜を「神のことごと」と要約して示すという発想は、すぐれて文字による表

近江京遠望

現の発想である。
血統によって保たれる王権の権威を、歴史として文字に表すのが皇統譜であるとすれば、第二反歌に「昔の人」と歌われるのも、神野志氏（『柿本人麻呂研究』前掲）が、人麻呂独自の「動乱調」（五味智英『古代和歌』至文堂　一九五一）について
現在には喪われてあるものとして見つつしかもそれにつながってありたいということを、「時間」とかかわり時間」をひきすえてうたわざるをえない……そのような抒情のかたちであったからこそ、その獲得の上に『荒都』をひきとりえたのだといわねばならない。宮跡としての『大宮どころ』は客観的に実在するが、「時間」を見る眼――「時間」とむきあうこころとこれをうたう形のうえにのみ、それに対する抒情の動力を得て歌の主題となることができたのである。
という。「動乱調」とは、目の当たりにする「今」をこえて、文字によって「時間」を可視化する表現でもあった。

2、近江荒都歌の空間

この時間の把握の違いに対応する相違が、空間表現についても指摘できる。

「天にみつ大和を置きて……楽浪の大津の宮に　天の下知らしめしけむ」と、過去の近江遷都の

歴史を歌う作者の眼は、空間の表現という点においても、視界を超えた広がりをとらえ得ている。

それは、一つには「大和」「奈良山」「大津の宮」という道行きの表現をとりながら、「奈良山」という境界の地を挟んで「大和」と「大津の宮」という、始発点と終着点に絞って歌うという方法である。天皇によって統治される視界を超えた空間を、文字の発想で集約する表現といえよう。

もう一つは「天ざかる夷」である。人麻呂のこの用法が、七世紀末、畿内制の成立とともにそれを強く意識しつつ形成されたことについては、大浦誠士氏『万葉集の様式と表現　伝達可能な造形としての〈心〉』（笠間書院　二〇〇八）に詳しい。近江国を「天ざかる夷」と位置づけるのは、都を統治の中心たる聖域として他と区別し、国土の中心から周辺へと王化を及ぼすという、儒教的世界観によって成り立った、文字による空間把握である。それは、視界をはるかに超えた天皇の統治する領域を含み、その周辺に広がる広大な辺境をも包含し、諸蛮とよばれる異民族の人びとの領域をも措定する表現である。

おわりに――声の時空と文字の時空

以上述べたところ、あくまでも目の当たりの「今」「ここ」とつながってあることを前提する声の表現と、視界を超えて広がる空間と、「今」とは切り離されてある「過去」と「未来」とを分節してくる文字の表現との違いを、具体的な作品を通して見てきたのである。

断っておくが、口誦と記載と双方の優劣をいうのではない。それ以前に、そのことなりをあきらかにすること、その方法と論理を提示することが、本稿のねらいであり、文字表現の獲得の意味するところを確かめるために、今必要なことであることをいいたいのである。

『紀州本萬葉集』について

片山　武

一

『紀州本萬葉集解説』、『萬葉集事典』、『日本古典籍書誌学辞典』(1)などをもとに『紀州本萬葉集』の概略を以下にまとめておく。

もともと紀州徳川家にあったもので、明治時代の愛書家松田本生の所蔵に帰したが、後に神田孝平(2)の手に入る。それで『神田本萬葉集』の名で、『校本萬葉集』(3)の校本として使用される。その後、昭和美術館設立者の父後藤安太郎氏(4)のもとに、さらに後藤幸三氏(5)の手に帰している。幸三氏は昭和美術館(6)の創立者である。

古く紀州徳川家に伝来したもの、契沖の『萬葉代匠記』にも『紀州本』として引用してあることなどから、『紀州本萬葉集』と改称せられたものと思われる。

巻十までは鎌倉期書写（のちの仙覚本系による校合記事あり）、巻十一以下は仙覚の文永三年（一二六六）本系によった室町後期の書写（天文一一年以前の補写と思われる）。

巻十の奥に「斯本者肥後大進忠兼書也云々」の奥書があり、次に「建保七年閏二月廿五日於相州鎌倉借請大監物光行本所書寫也　行遠」[7]の奥書がある。筆者は各帖の包紙には、巻一　後鳥羽院、巻二　藤原兼實、巻三・五・六・七・九・十　藤原清範、巻四　久我通親、巻八　鴨長明、巻十一・十八・十九　高倉永継、巻十二　勸修寺尚顯、巻十三・四　辻實仲、巻十四・十五　良鎮大僧正、巻十六　神光院良賀、巻十七　今出川教季、巻二十　西洞院時顯、とあるが、佐佐木氏は「採りがたし。」とされている。つづけて「前半後半時代を異にせる寄合書なるが、特色ある本にして、校訂の上に有益なる資料たり。[8]」と書かれている。

紀州本巻一・三の表紙

巻一～十、十一～二十の両者の料紙は異なっているが、両者とも鳥の子、一紙両面に押界[9]を施しており、一面は六～七行書写の寄合書[10]、各巻とも目録をもち、歌を高く、他を低く、訓は歌の右に片仮名でつけられ、朱訓なども見える。

後半十一～二十補写の時に前半一～十の粘葉装[11]を列帖装[12]に改装している。複製本[13]は昭和十六年に出ている。

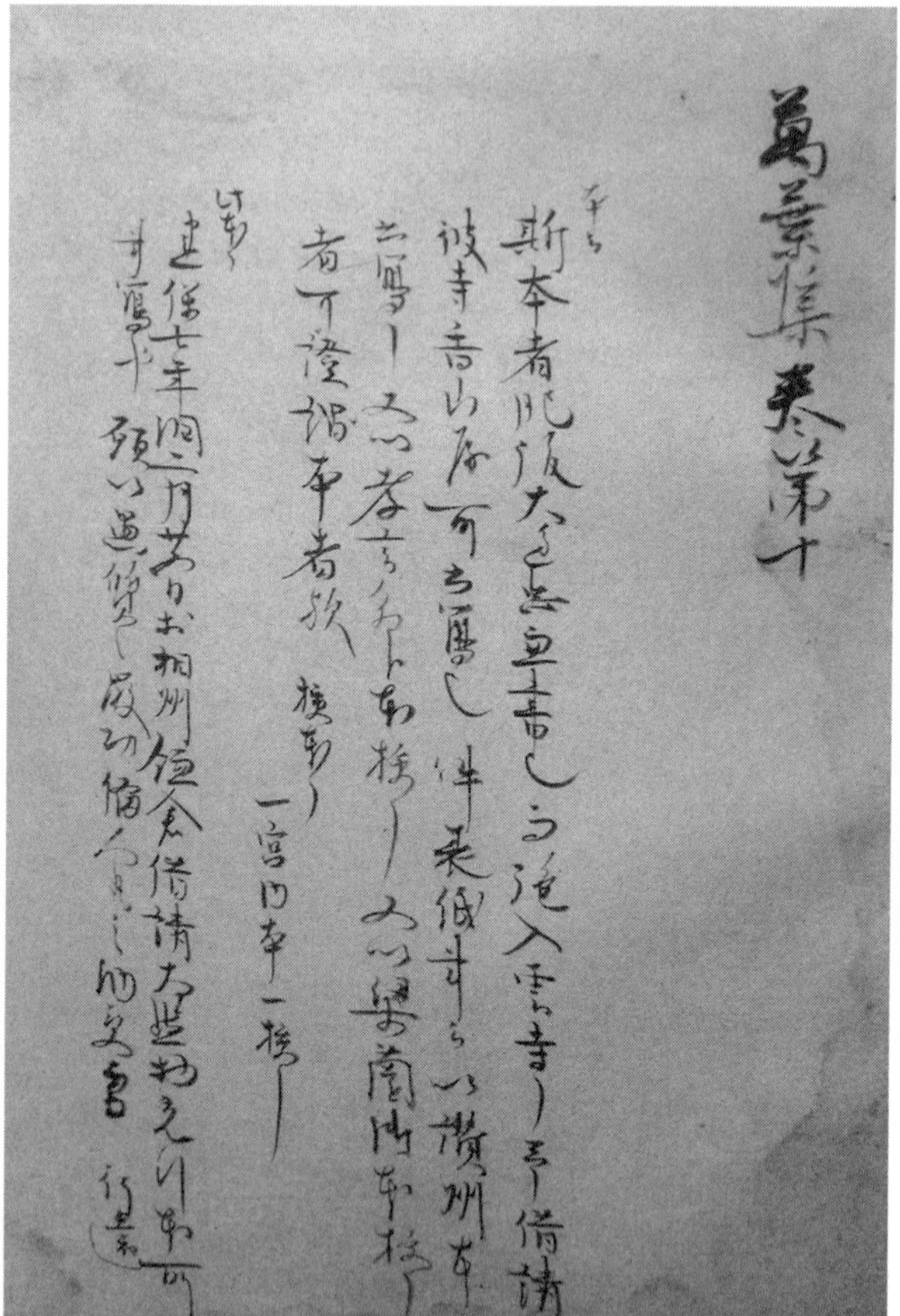
萬葉集巻第十

紀州本巻十　奥書

二

本項では巻三・二七一歌をとりあげ、『紀州本』ではどのように訓釈がなされているかを紹介したあと、巻三の『紀州本』についてもまとめておきたい。

二七一歌は『紀州本』には

櫻《サクラ》 田《タ》部《ヘ》鶴鳴《タツナキ》 渡《ワタル》年《アイ》‐魚《チ》市《カタ》塩干《シホヒ》二《ニ》家《ケ》良《ラ》之《シ》鶴鳴《タツナキ》 渡《ワタル》

上から五字めの「鳴」であるが、『校本萬葉集』に、『神田本』は「嶋」を直したと書かれている。この部分（「鳴渡」）はっきりしない。

下から四字めの「進」は類・古は「之」とある。「年魚市方」の「方」が『神田本』にはない。「アユチカタ」を『神田本』のみ「アイチカタ」とよんでいる。

『紀州本』では「年魚市方」の「方」の文字がなかったり、「アイチカタ」とよんでいるが、これらは仙覚本のよみの影響かと思われるが後の調査にまちたい。[14]

ついで巻三の書誌的事項についてここにまとめておく。

表紙　彩色画

題簽　貼り題簽（たて一四センチ横三センチ。左上部に貼ってある。他の巻も同様である。）

外題　「萬葉集第三」
見返し　記述なし
綴じ方　綴り本
紙質　鳥の子紙
寸法　たて二一・五センチ　よこ一四・五センチ（他の一九の巻も同じ）
丁数　七三（他の巻は異る。一丁オの前七三丁ウの前にそれぞれ一枚ずつの間紙あり。）
内題　なし
奥書　記述なし（巻十・巻二〇はあり）
筆者　藤原清範朝臣？（鎌倉時代の初めの歌人）
（『古筆大辞典』春名好重氏編著、昭五四・十一、淡交社、参照）

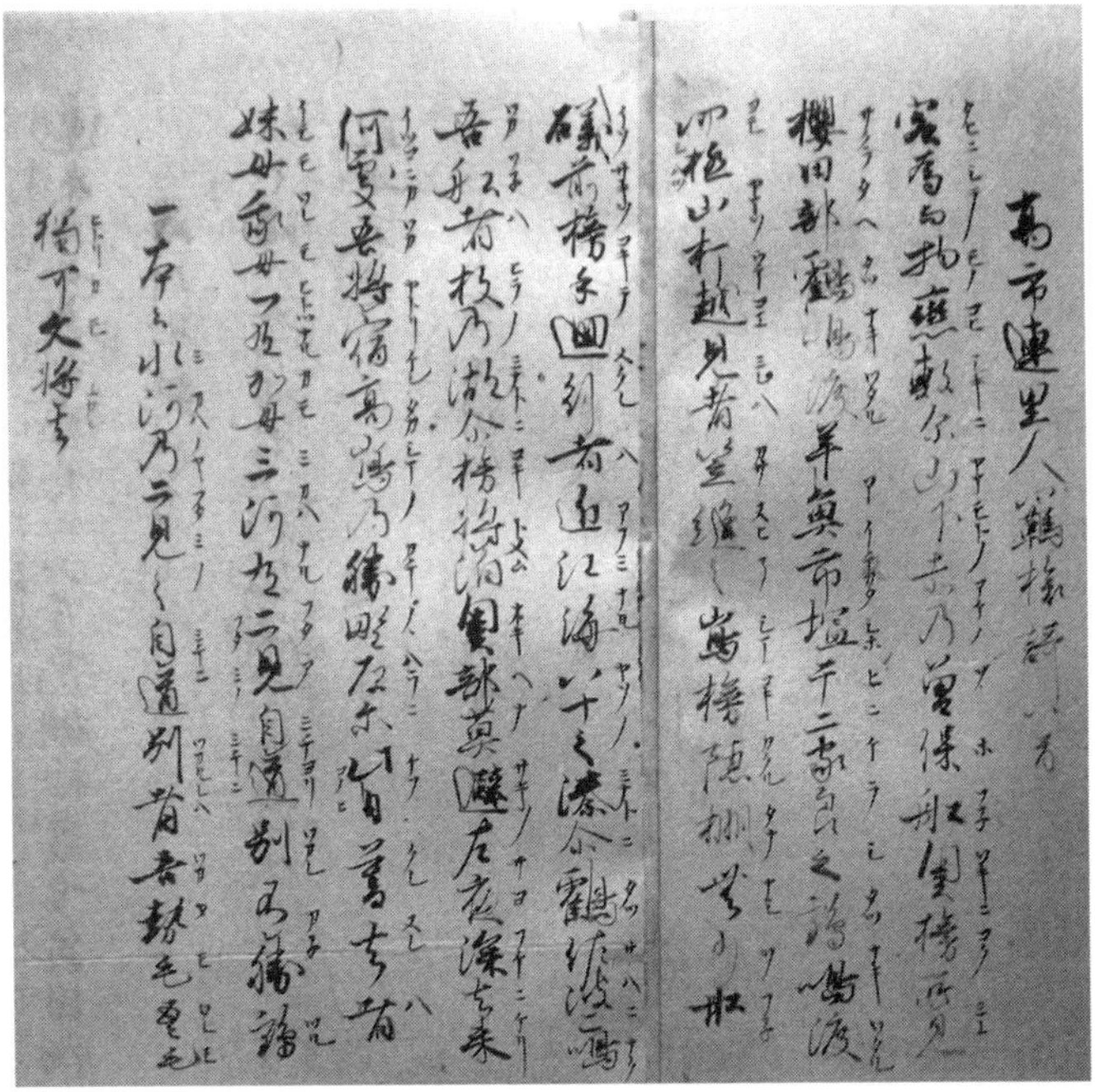

紀州本巻三　高市里人の歌

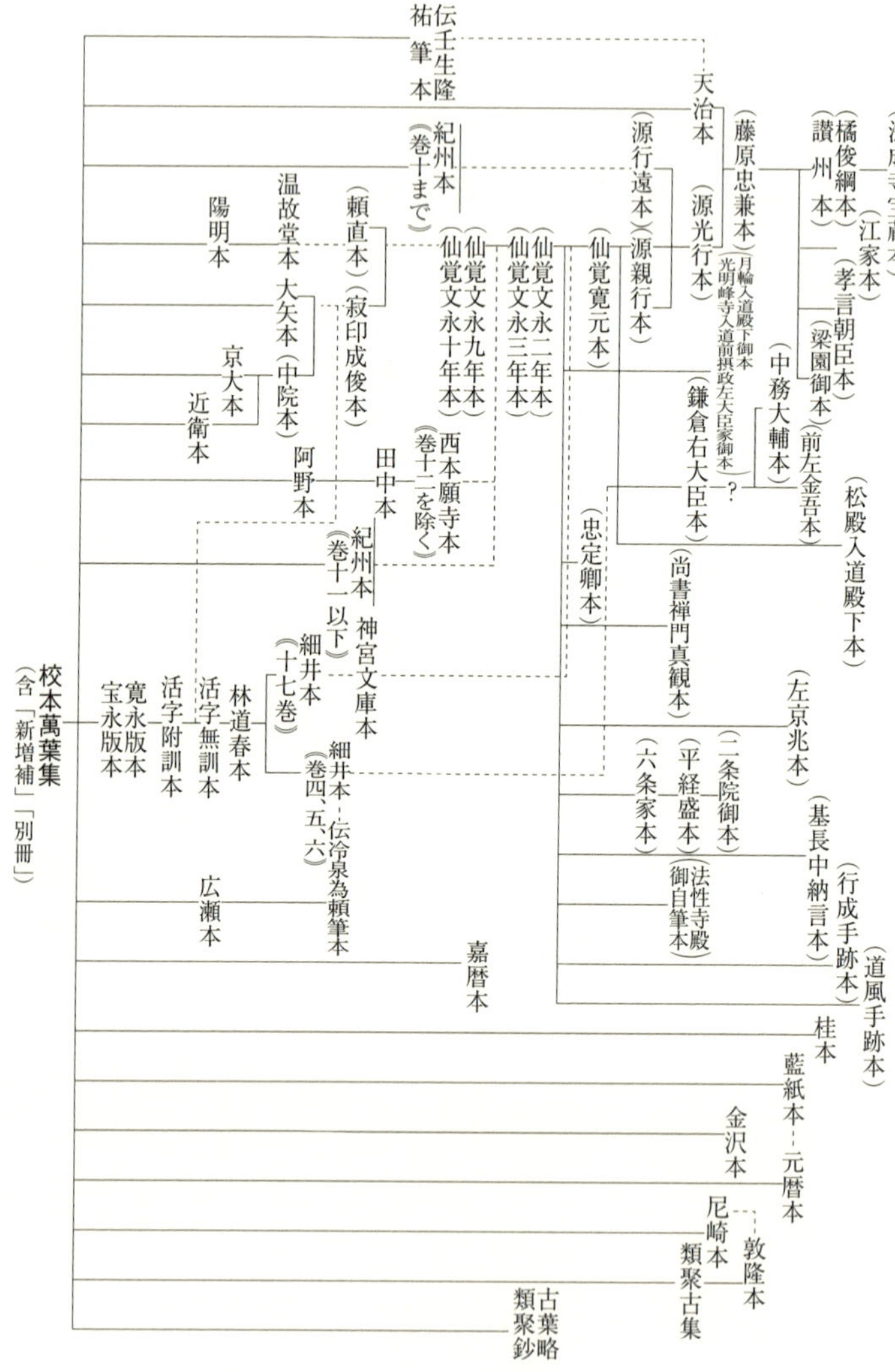

紀州本の系統図

（澤瀉久孝氏『万葉集新釋』下及び『新増補校本萬葉集』による）

注

（1）・『紀州本萬葉集解説』「昭和十六年八月二十八日発行　発行所　財団法人後藤安報恩會　発行者　右代表者　理事長　後藤幸三　印刷者　七條憲三」とあり二〇〇部作製したとある。

・『萬葉集事典』佐佐木信綱氏著、平凡社刊、一九五六年発行。

・『日本古典籍書誌学辞典』井上宗雄氏他計七氏編、岩波書店刊、一九九九年発行。

（2）江戸時代初期から紀州徳川家に伝来していたことにより『紀州本萬葉集』と呼ばれていたが、いつごろからか紀州徳川家を離れ、明治四十五年に編集が始まった『校本萬葉集』の対校本として採りあげられた際は、当時の所蔵者、淡崖神田孝平《たかひら》（一八三〇〜一八九八）の名前をとって『神田本萬葉集』という名で呼ばれていた。孝平は幕末に蘭学をおさめた元老院議員で蔵書家として『神田本太平記』をも所蔵していた。昭和初期後藤安太郎氏が手に入れ『紀州本萬葉集』という呼び名で再度呼ばれるようになった。

（3）『萬葉集事典』六五一頁参照。

（4）（5）（6）「解釈」平成十四年五・六月号　解釈学会編集　参照。

後藤安太郎氏略歴

安政6（1859）年	岐阜県今尾（現在の海津市）に油問屋を営む綿安・後藤安太郎の長男泰次郎として誕生
明治13（1880）年	父安太郎の死去により、家督を相続し安太郎を襲名

明治14（1881）年	長男幸三誕生
明治24（1891）年	10月濃尾大震災に遭い店舗・自宅とも被災する
明治29（1896）年	水害に遭い、名古屋へ一家で移住　名古屋を中心に米穀取引・株式取引に従事する
明治43（1910）年	㈱名古屋株式取引所監査役就任
明治45（1912）年	名古屋瓦斯㈱監査役就任
大正2（1913）年	㈱名古屋株式取引所監査役辞任
大正4（1920）年	名古屋瓦斯㈱取締役就任・米穀取引所理事長就任
大正9（1915）年	後藤商事株式会社創立
大正11（1917）年	名古屋瓦斯会社退役
昭和7（1932）年	名古屋米穀取引所理事長辞任
昭和10（1935）年	名古屋鉄道㈱取締役就任
昭和11（1936）年	自身の喜寿を記念し、社会事業・社会救済のため財団法人後藤安報恩会設立申請
	10月2日、死去（享年77歳）

後藤幸三氏略歴

明治14（1881）年	六月二十二日、岐阜県海津郡今尾町に生る、父後藤安太郎、母つなの嫡男 後、父と共に名古屋市中区南伊勢町に移住 愛知県第一中学校、第三高等学校を経て東京帝国大学に学ぶ
明治41（1908）年	東京帝大法律学部政治学科を卒業 爾後下記諸会社の役員に就任する　愛知土地㈱社長、名古屋酸素㈱、名古屋鉄道㈱、東郊住宅㈱、中村電軌㈱、八勝倶楽部㈱、名古屋ゴルフ倶楽部、関西土地㈱、名古屋自動車製作所㈱、丸栄、東洋電業㈱、木曽川電力㈱、立川飛行機、大阪電気㈱、高速機関工業㈱、日本光棉紡績㈱、名古屋鋼業㈱、豊国機械工業㈱、愛知信商㈱等の取締役又は監査役 後藤商事㈱、㈱中央製作所を創設し社長として主宰すること多年のち相談役となる
明治44（1911）年	六月、日本車輛製造㈱監査役に就任
昭和2（1927）年	二月、取締役社長となる
昭和9（1934）年	十二月、退任、相談役となる 右日本車輛社長在任中名古屋商工会議所議員（常議員）として産業界の発展に寄与する

昭和13（1938）年	十二月、財団法人後藤報恩会を設立、理事長に就任、社会福祉事業に貢献 また八事南部土地区画整理組合設立、開発事業に努力する
昭和41（1966）年	六月、医療法人十全病院理事
昭和49（1974）年	六月、理事長
昭和50（1975）年	七月、理事長を辞任理事に就任する
昭和52（1977）年	七月九日、かねて名古屋市立大学病院に入院病気加療中であったが遂に不帰の客となる。享年九十六歳 趣味　和歌、俳句を嗜なみ万葉かなの筆跡は美事であった。また茶道に造詣深く若い頃はゴルフを楽んだ。その他書画、骨董に趣味深く所蔵品には重要文化財指定のものもある。宗教は真宗。東本願寺名古屋別院の檀徒総代であった。

（昭和美術館提供）

（7）本文中の写真参照。
（8）『紀州本萬葉集』二十冊の筆者のことをもふくめ『萬葉集事典』参照。
（9）（10）『萬葉集事典』『日本古典籍書誌学辞典』参照。
（11）『日本古典籍書誌学辞典』四〇六頁参照。
（12）注（11）六〇九頁参照。
（13）『萬葉集事典』六三八頁参照。

(14)『萬葉集事典』六八三、六八四頁参照。ただし、仙覚寛元本、仙覚文永二年本、仙覚文永三年本、仙覚文永九年本、仙覚文永十年本は現存しない。したがって『紀州本萬葉集』が仙覚本系で訓み、文字を書いていたかどうかよくわからない。

本文章執筆に際し、昭和美術館の後藤さち子氏に種々ご指導をたまわった。また写真は粟田高司氏にとっていただいた。あわせて感謝の意を表するものである。

持統太上天皇三河行幸と万葉歌
―高市黒人の「漕ぎ廻《た》み行きし棚無し小舟」―

和田明美

はじめに

持統太上天皇は、大宝二（七〇二）年に「参河国」への行幸を行っており、『万葉集』巻一には、この行幸に関連した長奥麿《ながのおきまろ》・高市黒人《たけちのくろひと》らの歌が収められている。在位中三十一回に及ぶ吉野行幸もさることながら、伊勢行幸（六九二年）に続く「参河国」への行幸は、この期の国内外の時代背景とともに古代史の上でも注目されている。そこで、歴史書を紐解きながら三河行幸に関する『万葉集』の歌を読み深めることにしたい。特に高市黒人は、他の宮廷歌人のような都での儀礼歌ではなく、三河・尾張をはじめ越中・近江・山城・摂津・吉野等地方を詠じた短歌十九首を残している。また、「旅の歌人」黒人は、「旅の憂いと孤独感」を詠む嚆矢とも言われている。(1) そこで、黒人の歌に注目しつつ、遠ざかりゆく夕暮れの三河湾の孤舟に旅の憂愁を託した秀歌「いづくにか船泊《ふなは》てすらむ安礼《あれ》の崎漕ぎ廻《た》み行きし棚無《たなな》し小舟《をぶね》」（1・五八）の真意や表現の独創性に迫りたい。

「参河国」行幸と万葉歌

大宝二（七〇二）年の三河行幸に関する『万葉集』の歌は、題詞の「二年壬寅、太上天皇幸二于参河国一時歌」に続く五首から成っている。『続日本紀』は、この時の行幸が三河・尾張・美濃・伊勢・伊賀の五国に及んだことを記している。往路についての記述は『続日本紀』にはないが、当時の交通から察すると海路を利用したものと考えられる。おそらく上皇の一行は、海路三河湾に面した「安礼」（愛知県御津《みと》町）近くの湊に着いたのであろう。

　　二年壬寅《じんいん》、太上天皇の参河国《みかはのくに》に幸《いでま》しし時の歌

①引馬《ひくま》野ににほふ榛原《はりはら》入り乱り衣《ころも》にほはせ旅のしるしに（1・五七）

　右一首、長忌寸《いみき》奥麿

②いづくにか船泊《ふなは》てすらむ安礼《あれ》の崎漕ぎ廻《た》み行きし棚無《たなな》し小舟《をぶね》（1・五八）

　右一首、高市連《むらじ》黒人

誉謝女王《よざのおほきみ》の作る歌

③ながらふる妻吹く風の寒き夜にわが背の君は独りか寝《ぬ》らむ（1・五九）
長皇子《ながのみこ》の御歌

④暮《よひ》に逢ひて朝面《あしたおも》なみ名張《なばり》にか日長《けなが》く妹《いも》が廬《いほり》せりけむ（1・六〇）
舎人娘子《とねりのをとめ》の従駕にして作る歌

⑤ますらをの得物矢手挟《さつやたばさ》み立ち向ひ射る円方《まとかた》は見るにさやけし（1・六一）

前半二首①と②は、行幸地三河の「引馬野ににほふ榛原」をあざやかに詠じた長奥麿の歌と、その南方の三河湾に面した「安礼《あれ》の崎」を漕ぎ行く「棚無《たなな》し小舟《をぶね》」を詠む黒人の旅愁歌からなり、旅路の寒い夜を③「わが背の君はひとりか寝らむ」と案じる誉謝女王の在京歌を中に置いて、伊賀「名張《なばり》」や伊勢「円方《まとかた》」の地名が喚起するイメージを活かした序歌が続いている。すなわち後半の二首は、行幸行路に当たる「名張」に「隠《なば》る」意を込めつつ、夜の逢瀬を恥じらって朝明けの顔を隠す「妹」の姿が揺曳する長皇子の詠歌④「名張にか日長《けなが》く妹《いも》が廬《いほ》りせりけむ」と、⑤「ますらをの得物矢手挟《さつやたばさ》み立ち向ひ射る」的《まと》（円方・音の連想）や行幸での勇壮な猟のイメージを伴う舎人娘子《とねりのをとめ》の清々しい叙景歌「…射る円方は見るにさやけし」によって構成されている。

五首の作者名の記し方にも特徴があり、前半①②と後半③〜⑤では大きく異なっている。前半二首は「右一首…」左注の形、後半三首は「…作歌」「…御歌」のように題詞において作者名を記し

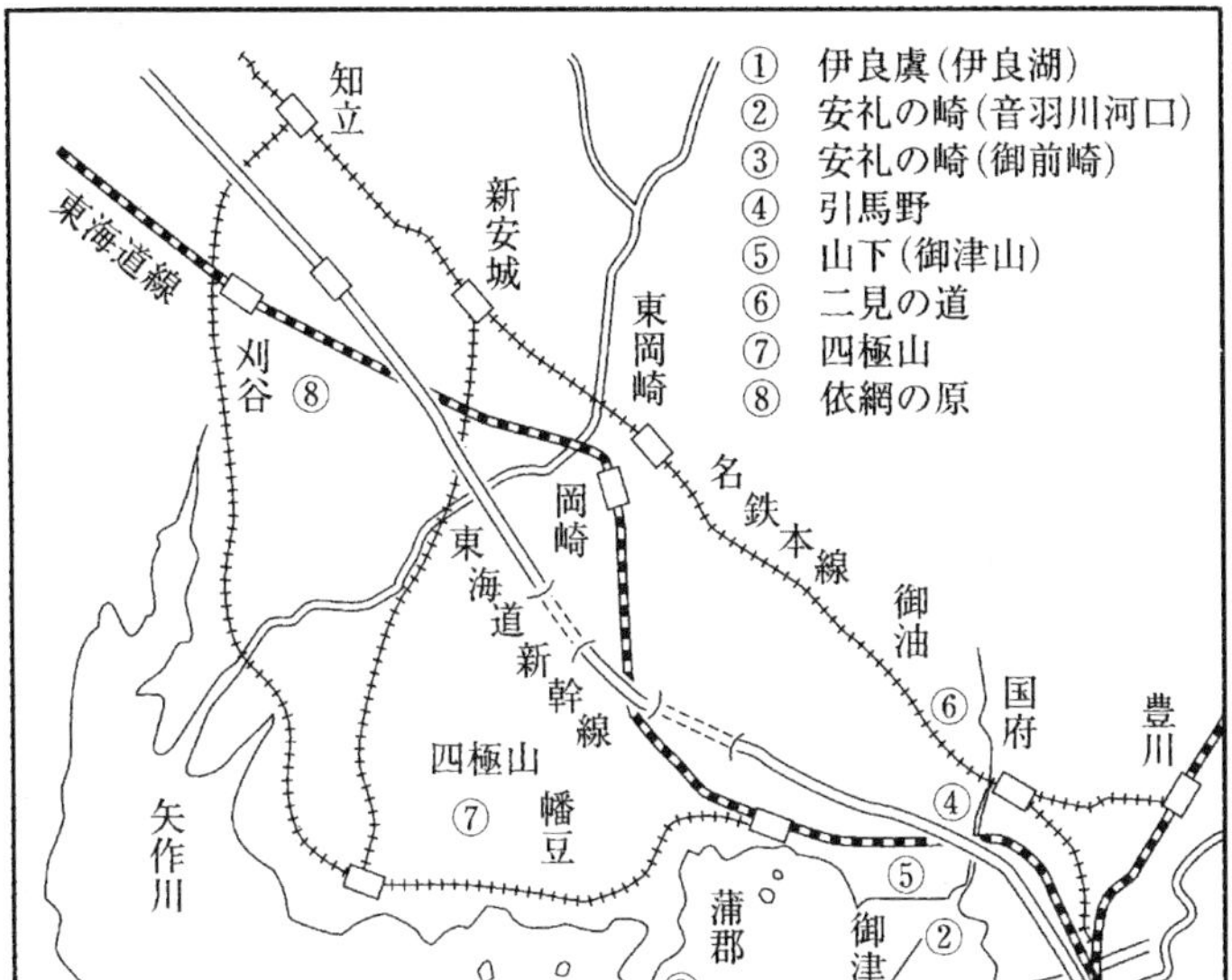

三河湾近隣地図（『東海の万葉歌』おうふう　より）

ているのである。これらの差異は何によるのであろうか。一般に別種の資料によって編まれたためとされており（武田祐吉『万葉集全註釈』澤瀉久孝『万葉集注釈』等）、詠われた場や時の違い（行幸時か帰還後か）とも捉えられている（橋守部『万葉集檜嬬手』伊藤博『万葉集釈注』等）。特に伊藤博『万葉集全注』は、「五七～五八と五九～六一とは、作者の記載形式の相違から判断して別途資料と思われる」。「作品の上で、五九の「我が背の君」と六〇の「妹」とが、旅の夫を思う妻の歌と旅の妻を思う夫の歌、という関係で対をなした」と説く。

一方、緒方惟章「高市黒人・作歌とその場」は、「参河国」行幸歌の表現や作者に着目しつつ、「名張」や「円方」を詠む六〇・六一番歌を「従駕時〈名張《ナバリ》（隠《ナバリ》）〉の地にあっての即詠」「風光を眼前にしての深い感動を基底に据えた詠」（円方）とし、五九番歌のみは〈留京作歌〉であるが、何れも〈従駕作歌〉と見ている。加えて、奥麿と黒人は〈宮廷歌人〉であるのに対して、誉謝女王や長皇子・舎人娘子は「専門的歌人とは称し難い存在」であり、「そうした事情を反映しての二区分」であること、さらに奥麿の次に黒人が位置する順序は「応詔歌を有する奥麿と有さぬ黒人との差」であるとの卓越した見解を示している（尾崎暢殃他編『高市黒人―注釈と研究―』新典社・一九九六年・一七〇～一七三頁）。

実際、『万葉集』の行幸歌や宴歌・餞歌には、数名による連作を一つの題詩の下に編んだものが存在する。しかし、これらの作者の記し方は、宮廷歌人か否か皇族か否かを問わず、いずれの作も

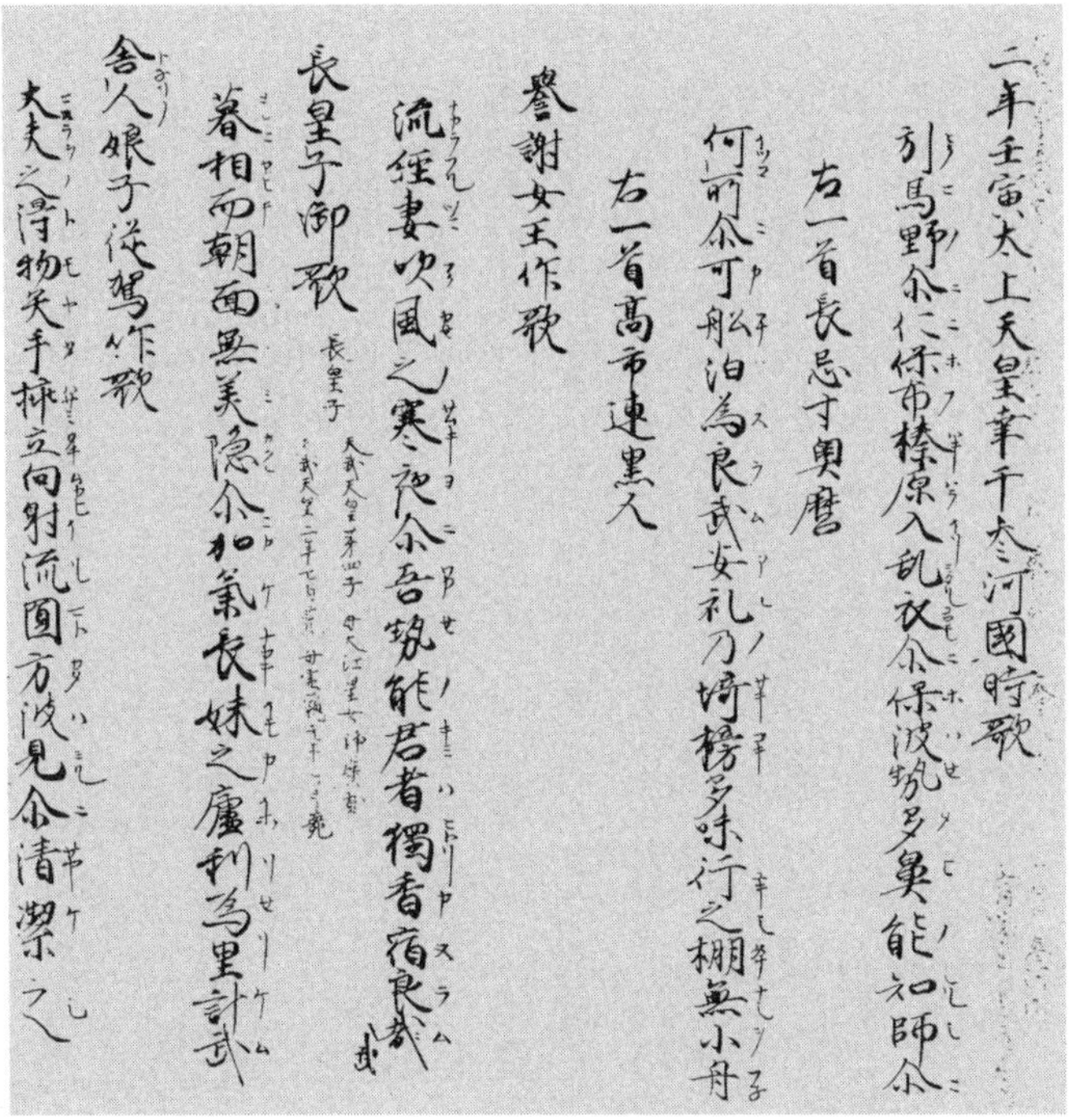
二年壬寅太上天皇幸于参河國時歌
引馬野尓仁保布榛原入乱衣尓保波勢多鼻能知師尓
右一首長忌寸奥麿
何所尓可船泊為良武安礼乃埼榜多味行之棚無小舟
右一首高市連黒人
譽謝女王作歌
流經妻吹風之寒夜尓吾勢能君者獨香宿良武
長皇子御歌
暮相而朝面無美隠尓加氣長妹之廬利為里計武
舎人娘子従駕作歌
大夫之得物矢手挿立向射流圓方波見尓清潔之

『西本願寺本万葉集』巻一（主婦の友社覆製）

「右一首…」「右…」の左注形式によっている。また、巻一所収の持統太上天皇・文武天皇関連の他の行幸歌の題詞には共通性がある。

大宝元年辛丑秋九月、太上天皇幸二于紀伊国一時歌（1・五四〜五六）
太上天皇幸二于難波宮一時歌（1・六六〜六九）
大行天皇幸二于難波宮一時歌（1・七一〜七二）

これらの作者名は、いずれも「右一首…」左注形式で記されており、巻一所収の黒人の一首である持統太上天皇行幸歌の題詩にはその名が明記されている。同一歌人による連作ないしは一首からなる歌の題詞は、おおむね次の黒人作歌のような形をとっているのである。

太上天皇幸二于吉野宮一時、高市黒人作歌（1・七〇）

たしかに三河の「引馬野」「安礼の崎」の後の三首を、三河行幸歌と切り離して読むことも可能である。しかしながら、③「わが背の君」の寒い旅路の独り寝を思いやる誉謝女王の在京歌を介して続く④「名張」⑤「円方」の歌は、この行幸の経由地をイメージ豊かに詠んだものであり、③と

④は旅にまつわる贈答的な趣向のもとに配置されている。これらのことからも、我々は行幸関連の五首として構築された意図を酌みながら享受する必要があると考えられる。ただし、契沖が『万葉代匠記』精撰本で指摘したように、もとより「参河国」行幸歌がこれら五首によって構成されているのであれば、「…歌五首」と歌数の表記があるべきところ、「…太上天皇幸二于参河国一時歌」のみである事実や作者表記の二層性そのものが、作歌の時間・空間や詠われた宴席（三河行幸時／帰還後）を異にする別系統の作品をもって、累加的に「参河国」行幸歌として括り、巻一に収めた経緯を物語っている。

では、歴史書はこの行幸をどのように記しているのであろうか。持統天皇は、六九七年に文武天皇に譲位しており、この時は太上天皇の位にあった。上皇は十月十日に出発し、十一月十三日に尾張から美濃・伊勢・伊賀を経て二十五日に帰京する。しかし、五十日ほどに及ぶ旅から帰還して間もなく、十二月十三日には病床に伏し、二十二日には崩御するのである。その直前になされたのが「参河国」行幸であった。老いた身に鞭打って、夫君・天武天皇の果たせなかった志を遂げるべく三河へと赴いたのであろうか。この行幸の目的は、壬申の乱に際して相当の人が天武軍に加わって功をなした「参河国」（尾張兵との混成軍）への配慮にあったとするとのが大方の見方である。特に持統天皇の時代から、行幸は畿内を越えて西方のみならず東方へ向かうようになるのであるが、「東辺諸国」への行幸の拡大を通して「朝廷との関係を緊密化」し、中央集権体制を強化しようとする政治的意図が働いていたことは否定しがたい(2)。

『続日本紀』には、大宝二年の上皇の「参河国」行幸の日程や、その途次での「尾張・美濃・伊勢・伊賀等の国の郡司と百姓とに位を叙し禄賜ふ」その叙位や賜禄の様子が記されている。

▽九月十九日……（九月）癸未、使を伊賀・伊勢・美濃・尾張・三河の五国に遣して行宮《かりみや》を造営せしむ。

▽十月三日……（十月丁酉）諸神《かみがみ》を鎮《しづ》め祭る。参河国に幸《みゆき》せむとしたまふ為なり。

▽十月十日……（十月）甲辰、太上天皇、参河国に幸したまふ。諸国《くにぐに》をして今年の田租を出だすこと無からしむ。

▽十一月十三日……十一月丙子、行《みゆき》、尾張国に至りたまふ。尾治《をはり》連若子麻呂・牛麻呂に姓宿禰を賜ふ。国守従五位下多治比《たじひ》真人水守《みもり》に封一十戸。

▽十一月十七日……（十一月）庚辰、行、美濃国に至りたまふ。不破郡の大領宮勝《すぐり》木実《このみ》に外従五位を授く。国守従五位上石河朝臣子老《こおゆ》に封一十戸。

▽十一月二十二日…（十一月）乙酉、行、伊勢国に至りたまふ。守従五位上佐伯宿禰石湯《いはゆ》に封一十戸を賜ふ。

▽十一月二十四日…（十一月）丁亥、伊賀国に至りたまふ。行《みゆき》の経過《へ》ぐる尾張・美濃・伊勢・伊賀等の国の郡司と百姓とに、位を叙し禄賜ふこと各《おのおの》差《しな》有り。

▽十一月二十五日…（十一月）戊子、車駕、参河より至りたまふ。駕に従える騎士の調を免《ゆる》す。

▽十二月十三日……（十二月）乙巳、太上天皇、不豫《みやまひ》したまふ。天下に大赦す。

▽十二月二十二日…（十二月）甲寅、太上天皇、崩りましぬ。遺詔したまはく「素服・挙哀することと勿れ…喪葬の事は務めて倹約に従へ」とのたまふ。

『万葉集』巻三所収の「高市連黒人羈旅歌八首」（二七〇〜二七七）にも、この行幸に際して詠まれた可能性の高い三河の「四極山《しはつやま》」「二見《ふたみ》」や尾張の「桜田」「年魚市潟《あゆちがた》」の歌が四首収められており、二七五番の一本の歌を含めるとすべて五首になる。(3)

⑥旅にしてもの恋《こほ》しきに山下の赤《あけ》のそほ船沖(4)を漕ぐ見ゆ（3・二七〇）
⑦桜田へ鶴《たづ》鳴き渡る年魚市潟《あゆちがた》潮干にけらし鶴鳴き渡る（3・二七一）
⑧四極山《しはつやま》うち越え見れば笠縫《かさぬひ》の島漕ぎかくる棚無《たなな》し小舟《をぶね》（3・二七二）
⑨妹もわれも一つなれかも三河なる二見《ふたみ》の道ゆ別れかねつる（3・二七五）
⑩三河の二見の道ゆ別れなばわが背もわれも独りかも行かむ（3・二七五一本歌）

特に「桜田」へ向って鳴き渡る「鶴《たづ》」を詠む高市黒人の⑦は、山部赤人の「若の浦」の歌と同じモチーフ（鶴・潟・潮）によっており、しかも「鶴鳴き渡る」を共有しているために二首は常に比較の対象となり、ともに「鳴き渡る」鶴を詠む叙景の秀歌として享受されてきた。両歌の相違にこそ、叙景歌人としての黒人と赤人を分かつ特性や、黒人の「桜田」の歌の魅力を解き明かす鍵が潜んでいるのではないだろうか。

⑪若の浦に潮満ち来れば潟をなみ葦辺をさして鶴《たづ》鳴き渡る（6・九一九）

まず一読して気付くのは、満潮「潮満ち来れば」（赤人）と干潮「潮干にけらし」（黒人）の違いである。赤人がスケール豊かに紀州「若の浦」の全景を捉えながら「満ち来る」浦潮の動態を捉え、「葦辺をさして」鳴き渡る「鶴」を点景として描出するのに対して、黒人の視線は「桜田」へ向かって鳴き渡る「鶴」に注がれている。この歌は、桜田方向へ「鳴き渡る」鶴を見ながら、潮干の「年魚市潟《あゆちがた》」（鳴海潟）の様子を彷彿と思い描いての作であり、おそらく三河行幸の帰路「十一月丙子（十三日）、行《みゆき》、尾張国に至りたまふ」（『続日本紀』）頃の歌と見られる。この当時は、ぬかるんだ潮干の年魚市潟一帯を徒歩で渡るよりも、満潮時に船で渡る方が一般的であった。巻七の「羈旅作」の作者未詳歌の中にも「年魚市潟《あゆちがた》潮干にけらし知多《ちた》の浦に朝漕ぐ舟も沖に寄る見ゆ」（7・一一六三）がある。黒人の歌が、「年魚市潟」に纏わる当地の舟歌や民謡的な歌を掬い上げ、「鶴鳴き渡る」眼前の景に触発されつつそれらをベースに、旅情や旅愁を投影する歌として新たな表象を試みた可能性は否定しがたい。黒人の歌は、赤人のように干潟の全景を捉えることも、浦潮の躍動感を詠むこともない。だが、二句目・五句目の「鶴鳴き渡る」のリフレインによって、干潮時に「桜田」へ鳴き渡る「鶴」の光景は音声を伴って私たちの脳裏に残像を結ぶことになる。万葉人が鶴のみならず鳥の声を「妻呼ぶ声」として聞いたことから察すれば、桜田へ「鳴き渡る」鶴の声は黒人にとっても郷愁や哀愁を誘う声であったはずである。

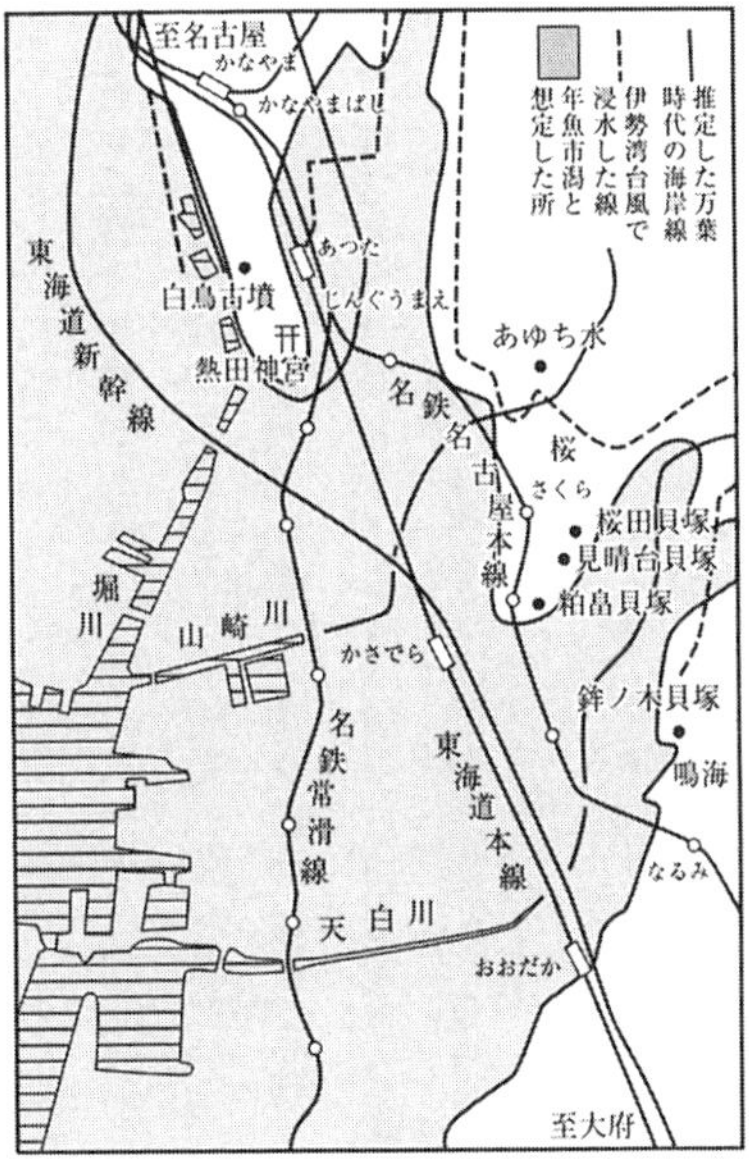

年魚市潟想定地図
（『東海の万葉歌』おうふう　より）

　そののち、黒人の「桜田へ鶴鳴き渡る」旅愁の歌は、「参河国」行幸から二十二年を経て、「神亀元年甲子冬十月五日幸二于紀伊国一時」（聖武天皇・七二四年）の赤人の⑪「若の浦」の歌に少なからぬ影響を与えることになる。いわば

「年魚市潟《あゆちがた》潮干にけらし」を三・四句に置いて「桜田」へ向かって「鳴き渡る」鶴を詠んだ黒人の歌は、これとは対照的に満ち潮の寄せ来る動的で躍動的な「若の浦」の全景を捉えた赤人をはじめとする新たな叙景歌を生みだす濫觴となったのである。

ところで、「参河国」行幸の十年前の六九二年（三月六日〜二〇日）にも、持統天皇は「伊勢国」への行幸を行っており、これに関する柿本人麿の歌が巻一に収められている。題詞から察すれば、この行幸に人麿は同行せず京に留まったようである。

幸二于伊勢国一時、留レ京柿本朝臣人麿作歌

⑫鳴呼見《あみ》の浦に船乗りすらむ𡢳嬬《をとめ》らが珠裳の裾に潮満つらむか（1・四〇）

⑬くしろ着く手節《たふし》の崎に今もかも大宮人の玉藻刈るらむ（2・四一）

⑭潮騒に伊良虞《いらご》の島辺漕ぐ船に妹乗るらむか荒き島廻《しまみ》を（3・四二）

鳥羽市の⑫「鳴呼見《あみ》の浦」で乗船した船は、⑬「手節の崎」（答志島）へと向かい、神事の供物として「大宮人」の刈り取った「玉藻」を携えて、一路⑭「伊良虞の島」（神島）を目指したのであろう。「伊良虞の島」については、神島か伊良湖岬か今日なお見解が分かれるものの、澤瀉久孝『万葉集注釈』が説くように三地点は一直線に並ぶのである。三首それぞれに計四例使用されてい

る助動詞「らむ」は、「流動的歌調」（斎藤茂吉『万葉秀歌』岩波書店・一九六三年）を醸し出すに止まらず、在京の人麿が供奉して行った「をとめら」に思いを馳せつつ案じる心に基づいたものと言える。茂吉のみではなく古注以来今日の注釈書に至るまで、おおむね旅の目的を遊覧・遊興にあると見て、「ほがらかで美しい」春三月の遊楽の歌としており、馴れない旅に身を置く一行を思いやる歌と見るのは、鹿持雅澄『万葉集古義』武田祐吉『万葉集全註釈』等少数である。

しかし、在京の人麿が持統天皇に随行した女官を思いやって詠んだ連作三首の表現は、むしろ遊覧・遊興説を退ける。特に度重なる重臣高市麻呂の諫言に耳を

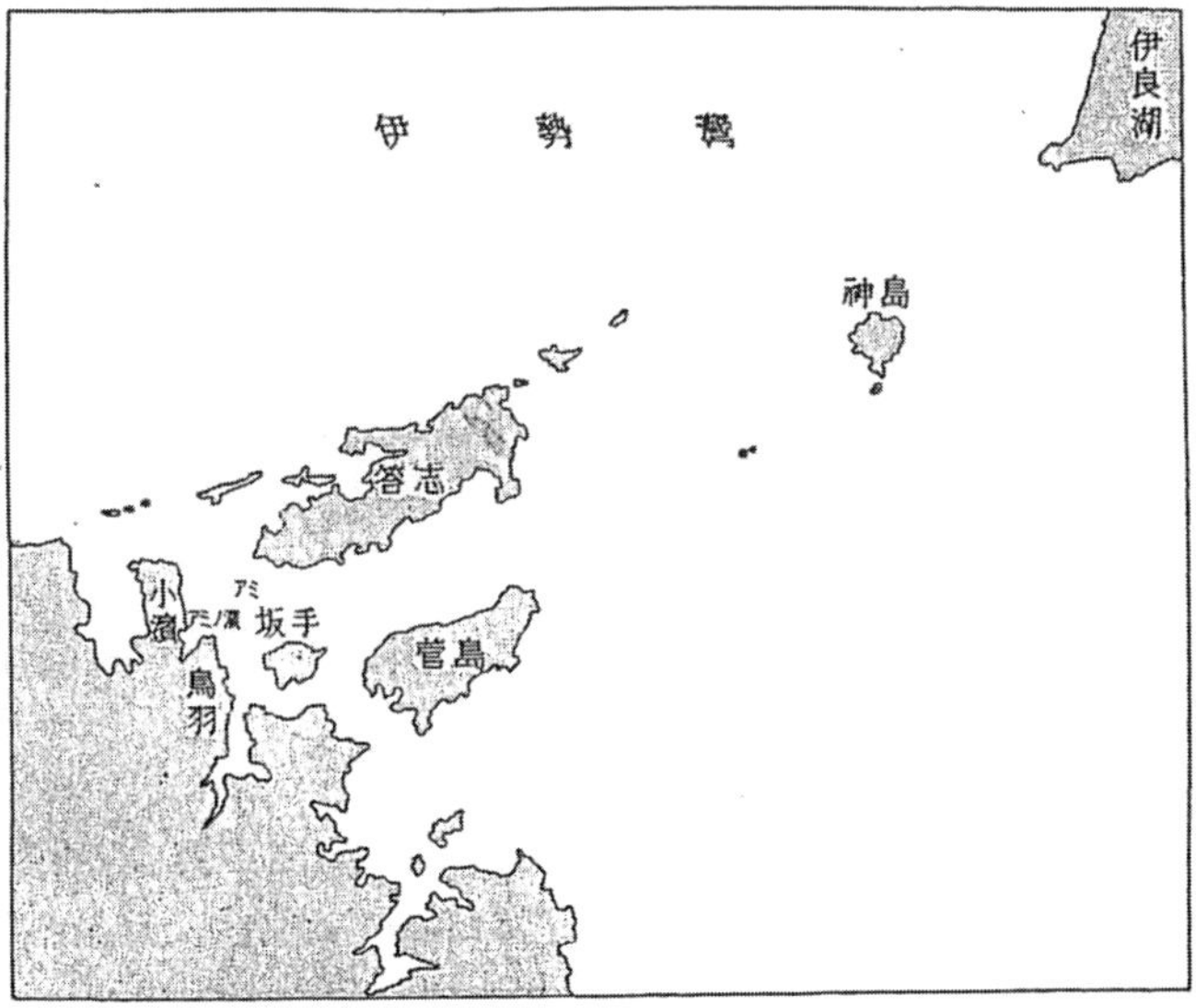

鳥羽付近・伊勢湾と三河湾（『万葉集注釈』より）

傾けることなく予定通り三月に敢行した持統天皇の強固な意思は、個人的な遊興・遊楽とは別の公的かつ緊急を要する政治的目的を予測させる。すなわち、一首目⑫の「〜に船乗りす」は「遣新羅使」や「防人」等の公的な任を帯びた航海に際しての乗船か、それに準じた行為を表しており、また⑫⑭の〈らむ＋か〉（疑問推量）は期待や歓喜の表現とは相容れず、むしろ危惧や不安を背後にした推量判断を表している。さらに、三首目⑭の「妹乗るらむか荒き島廻を」は、潮流が荒く転覆の危険すらある「潮騒に伊良虞の島辺漕ぐ船」に乗る「妹」一人を焦点化した上で、愛する女性の身を案じつつ無事への祈りを込めた表現なのである。それは、自然への畏怖を背後にした古代日本語「荒し」を基調とする「荒き島廻を」や「妹乗るらむか」が含み表す意味と言える。

六九二年三月の「伊勢国」行幸についての『日本書紀』の記事は、持統女帝在位の時の行幸でもあり、天皇自身の言葉や度重なる重臣高市麻呂の諫言をも織り込みながら具体的に記されている。

▽二月十一日……諸《もろもろのつかさ》官に詔して曰はく、「三月三日を以ちて、伊勢に幸《いでま》さむ。此の意《こころ》を知りて諸の衣物を備ふべし」とのたまふ。

▽二月十九日……是の日に、中納言直大弐三輪朝臣高市麻呂、上表《ふみたてまつ》りて敢へて直言して、天皇の伊勢に幸さむとして、農時の妨げたまふことを諫争《いさ》めまつる。

▽三月三日………浄広肆広瀬王…直広肆紀朝臣弓張等を以ちて留守の官とす。是に、中納言三輪

朝臣高市麻呂、其の冠位を脱きて、朝《みかど》に擎《さ》上《さ》げて重ねて諫めて曰《まを》さく、「農作《なりはひ》の節《とき》、車駕《きみ》、以動《いでま》すべからず」とまをす。

▽三月六日……天皇、諫に従ひたまはず、遂に伊勢に幸す。

▽三月十七日……過《よき》ります神郡《かむこほり》と伊賀・伊勢・志摩の国造《くにのみやつこ》等に冠位を賜ひ、并せて今年の調《え》役《つき》を免《ゆる》し…天下に大赦す。

▽三月十九日……過ります志摩の百姓男女の年八十より以上に、稲、人ごとに五十束を賜ふ。

▽三月二十日……車駕、宮に還りたまふ。到行《おは》します毎に、輙ち郡県の吏民と会し、務に労ひ賜ひ楽を作したまふ。

▽三月二十九日…詔して、近江・美濃・尾張・参河・遠江等の国の供奉《つかへまつ》れる騎兵の戸と諸国《くにぐに》の荷丁《にもち》・行宮《かりみや》造れる丁の今年の調役《えつき》を免す。

殊に高市麻呂の官位を辞しての諫言は人々の共感を呼び、古代日本の漢詩文集『懐風藻』(七五一年)や九世紀前半に成立した最古の仏教説話集である『日本霊異記』、さらには『今昔物語集』等々日本の古典文学の世界に豊饒な実りをもたらしたのである。(5)

高市黒人の「漕ぎ廻《た》み行きし棚無し小舟」の独創性

「参河国」行幸に際して詠まれた大宝二（七〇二）年の「安礼《あれ》の崎」（1・五八）の歌は、唯一作歌年代の明確な高市黒人の歌であるとともに、旅の「孤憂」や「寂寥」を「棚無《たなな》し小舟《をぶね》」に託して詠んだ秀歌として今日なお高い評価を得ている。歴史的価値を持つすぐれた作品は、独創的な対象把握によりながら形象化に秀でた言語表現を用いている。黒人の「安礼の崎」の歌の表現上の独創性はどこにあるのだろうか。

⑮（前掲②）には、黒人のみが使用した語が幾つか認められる。船舶の停泊を表す「船泊《ふなは》て（す）」や地名「安礼《あれ》」（各一例）、さらには漕ぎ巡り行く動作を表す複合動詞「漕ぎ廻《た》み行く」（二例）である。船棚のない小舟を表す「棚無し小舟」も三例中二例は黒人が使用したもので、他の一例は金村作歌の例である。

⑮いづくにか船泊《ふなは》てすらむ安礼《あれ》の崎漕ぎ廻《た》み行きし棚無《たなな》し小舟《をぶね》（1・五八・黒人）
⑯四極山《しはつやま》うち越え見れば笠縫《かさぬひ》の島漕ぎ隠る棚無《たなな》し小舟《をぶね》（3・二七二・黒人）
⑰海人をとめ棚無し小舟漕ぎ出《づ》らし旅の宿りに楫《かぢ》の音聞こゆ（6・九三〇・金村）

つまり「棚無し小舟」は、大宝二（七〇二）年十月の三河行幸において黒人がはじめて用い、⑮「安礼の崎漕ぎ廻み行きし棚無し小舟」⑯「笠縫の島漕ぎ隠る棚無し小舟」（3・二七二）の黒人の二首を受けつつ、神亀二（七二五）年十月の聖武天皇難波行幸に際して詠まれた笠金村の⑰「海人をとめ棚無し小舟漕ぎ出《づ》らし」へと連なる。大宝二年十月の三河行幸に供奉した⑮の歌人黒人の視線は、暮れなずむ夕暮れに現在の御津町沖を「漕ぎ廻み行きし棚無し小舟」に向けられている。しかもこの歌は、単なる叙景歌ではなく、今宵のわが宿りへの不安や旅の孤愁を「棚無し小舟」に投影しつつ「いづくにか船泊てすらむ」に自己の憂いを託して詠じた歌と言える。それを保障しているのが〈いづくにか～らむ〉の構文であり、黒人のみが使用した動詞「船泊てす」「漕ぎ廻み行く」なのである。

【表】は黒人が使用した「漕ぐ」歌に注目して、集中の「漕ぐ」関連語と主要な作者の内訳を示したものである。一見して知られるのは、二十七もの多様なバリエーションからなる集中の「漕ぐ」関連語が、船や航海を題材とする万葉歌（行幸・羈旅・七夕等）の豊かな表現世界を支えていることである。【表】を通して、黒人が「漕ぐ」やその複合語を他のどの歌人よりも多用している特色とともに、「漕ぎ廻み行く」の独自性も一層明らかになる。総歌数一九首（一本歌一首含む）であることを考慮に入れるならば、その使用頻度は他の歌人以上に高いことになる（人麿八四首・赤人四九首・金村四〇首・家持四七九首）。

【表】万葉集「漕ぐ」関連語・主要作者別内訳

語	用例数	黒人	人麿・歌集	赤人	金村	家持	備考
1 漕ぐ	57	1	1・1	0	0	9	鴨君足4・防人3・大原真人・小弁・虫麿・橘諸兄・藤原宇合・船王他各1・未詳29
2 漕ぎ出《づ》	19	0	1・0	0	1	2	憶良・玉槻・秦八千島・大田部三成（防人）各1・未詳11
3 漕ぎ来《く》	16	0	2・0	2	0	2	倭大后1・未詳9
4 漕ぎ行く	7	1	0・0	0	1	1	虫麿2・池主・未詳各1
5 漕ぎ廻《み》る	5	0	0・0	2	0	1	未詳2
6 漕ぎ出《い》づ	4	0	0・0	0	0	0	額田王1・未詳3・古歌集1含）
7 漕ぎ隠る	3	1	0・1	0	0	1	※人麿歌集「詠天」
8 漕ぎ泊《は》つ	3	1	0・0	0	0	0	未詳2（古集1含）
9 漕ぎ渡る	3	0	0・0	0	0	0	未詳3（古集1含）
10 漕ぎ過ぐ	2	0	0・0	0	0	0	小弁・未詳各1
11 漕ぎ廻《た》み行く	2	2	0・0	0	0	0	
12 漕ぎ廻《た》む	2	0	0・0	1	0	0	未詳1

13	漕ぎ巡《めぐ》る	2	0	0・0	0	0	0	福麿・池主各1
14	漕ぎ（名詞）	1	0	0・0	0	0	0	水道1
15	漕ぎあふ	1	0	0・0	0	0	0	古歌集1
16	漕ぎ去《い》ぬ	1	0	0・0	0	0	0	満誓1
17	漕ぎ帰り来	1	0	0・0	0	0	0	未詳1
18	漕ぎたもとほる	1	0	0・0	0	0	1	
19	漕ぎ出来《でく》	1	0	0・0	0	0	0	未詳1
20	漕ぎ見る	1	0	0・0	0	0	1	
21	漕ぎ入来《りく》	1	0	0・0	0	0	0	未詳1
22	漕ぎ別る	1	0	1・0	0	0	0	※人麿「羇旅歌八首」
23	朝漕《あさこ》ぎす	1	0	0・0	0	0	1	
24	い漕ぎ渡る	2	0	0・0	0	0	1	憶良1
25	い漕ぎ向ふ	1	0	0・0	0	0	0	虫麿1
26	い漕ぎ巡る	1	0	0・0	0	0	1	
27	い漕ぐ	1	0	0・0	0	0	1	
合計		119	6	5・2	5	2	22	

安礼の崎の小舟（竹尾利夫氏撮影『東海の万葉歌』おうふう　より）

しかも、三河行幸の後二十三年を経て、難波を舞台とする別趣の「棚無し小舟」歌が詠まれるのである。金村の歌には黒人が詠むことのなかった「海人をとめ」や「楫の音」が詠まれており、黒人の「棚無し小舟」は金村の歌を生みだす一つの契機になったと見なされる。ただし、金村の「棚無し小舟」の歌の背後には、人麿歌集の七夕歌二首「わが背子にうら恋ひ居れば天の川夜舟《よふね》漕ぐなる楫の音聞こゆ」（10・二〇一五）「天の川楫の音聞こゆ彦星と織女《たなばたつめ》と今夜《こよひ》逢ふらしも」（10・二〇二九）の「楫の音聞こゆ」が揺曳し、同じ難波行幸歌である赤人の一首「朝なぎに楫の音聞こゆ御食《みけ》つ国野島の海人《あま》の舟にしあるらし」（6・九三四）とも無関係ではない。

留意すべきは、「楫の音聞こゆ」が集中八例

(「楫の音」二十一例「楫」三十二例)見られるにもかかわらず、他の歌人以上に船や航海に関する歌を詠んだ黒人が、まったくこれを使用していないことであろう。既述のように黒人には船(舟)を詠む歌が多く(六首)、航海・航行に関するものは一九首(一本歌一首を含む)中七首を数える(五八・二七〇・二七二・二七三・二七四・二八三・一七一八)。しかも黒人の歌の特色は、遠ざかりゆく船や視線の彼方に消え去る船を詠む点にあるとも言われている。(7) しかるに、「楫の音」や「船」を漕ぐ音に関する歌を残していないばかりか、黒人の歌には「聞く」「聞こゆ」動作・作用の表現も見られない。そのような中で鳥の鳴き声を聞いての詠歌がある。⑦の「鶴《たづ》鳴き渡る」や「近江」の「八十《やそ》の湊に鵠《たづ》多《さは》に鳴く」(3・二七三)、持統太上天皇吉野行幸の際に呼子鳥が都の方へと鳴きながら越えていく声を詠んだ「大和《やまと》には鳴きてか来らむ呼子鳥《よぶこどり》象《きさ》の中山呼びそ越ゆなる」(1・七〇)の三首である。黒人が聞いているのは、郷愁・哀愁を誘う「鶴」や「呼子鳥」の声であって、船や航海を詠む黒人の関心は船を「漕ぐ」動作や「泊つ」作用、あるいは船の航跡を追うことに置かれているのである。

さらに、⑮の「いづくにか」を初句に置く歌い出しも、黒人の独創に支えられた句であり(三例中二例)、他の一例は黒人の影響のもとに詠まれた羈旅歌である。

⑱いづくにかわれは宿らむ高島の勝野《かちの》の原にこの日暮れなば(3・二七五・黒人)

⑲いづくにか舟乗りしけむ高島の香取の浦ゆ漕ぎ出来る舟（3・一一七二・未詳）

前掲の黒人歌⑮が〈いづくにか〜らむ〉の構文により、前方を漕ぎ巡る「棚無し小舟」を対象化しつつ定かでない今宵の宿りへの憂いや不安を投影した詠作であるとすれば、⑱は〈か〜む〉の構文によりながら「いづく」か不確かな今宵の「われ」の宿りへの思いを直接的に表出した歌と言えよう。⑱の下二句の「高島の勝野の原にこの日暮れなば」も、上二句と同様自己の側からの表出であり、旅の一行・集団に身を置きながらも夕暮れの旅人である「われ」の愁いを基軸としている。これに対して⑮は、「われ」を内在・沈潜させてはいるものの、この「棚無し小舟」歌に底流しているのは、暮れなずむ⑱「高島の勝野の原」での黒人詠に通じる旅の孤愁や憂いなのである。

したがって、「参河国」行幸に際して詠まれた⑮は、「船泊て（す）」「漕ぎ廻み行く」等、航海・航行に関する独自の語（複合語）によりながら、また自己の今宵の宿りへの憂慮を船棚のない「小舟」⑧に投影しつつ、〈いづくにか〜らむ〉の構文を用いて新たな創造を試みた独創的な作品と位置付けられる。つまり、暮れなずむ三河湾の「安礼の崎」を漕ぎ廻りゆく「棚無し小舟」に自己の寄るべなさや不安・旅愁を投影しながら形象化した、藤原宮時代にあっては斬新な黒人の旅情歌と見なされるのである。持統天皇の伊勢行幸時の人麿の在京歌が、供奉して行った「をとめら」の乗船に思いを馳せ、また「伊良虞の島辺」を漕ぐ船に乗る「妹」の身に迫る転覆の危険を案じて「妹乗るらむか荒き島廻を」と表したのに対して、三河行幸に供奉した黒人は「棚無し小舟」の今宵の停泊地を「いづくにか船泊てすらむ」と詠じた点にも注意する必要があろう。両者とも行幸地である伊勢・三河の船や航海を歌の題材としているが、人麿は「船乗りす」「乗る」と出航や乗船時を捉えた動態であるのに対して、黒人の「棚無し小舟」の歌は「船泊てす」「漕ぎ廻《た》み行く」ないしは「漕ぎ隠る」抑制された作用を捉えている。黒人は、視界から遠ざかり隠れるか停泊する静的表象に徹しているのである。(9)

むすび

高市黒人は、「大和」「近江」「高島」等万葉歌人がしばしば詠じた地を詠む一方で、どの歌人も詠まなかった三河の「安礼の崎」「四極山」「笠縫の島」「二見の道」や尾張の「桜田」等行幸に供奉した地を、伝統的な「国見歌」の域を越えた叙景の歌として表出している。また、柿本人麿が宮廷歌人として枕詞や序詞を駆使しつつ讃歌・寿歌や挽歌を多く詠んだのに対して、ほぼ同じ藤原宮時代を生きた黒人には枕詞・序詞を用いた公的儀礼歌はなく、行幸に供奉しつつも個人的な旅の「もの恋しさ」や主情のこもる叙景歌を詠じている。とりわけ持統太上天皇「参河国」行幸に際して詠まれた「安礼の崎」の歌は、「船泊て（す）」「漕ぎ廻み行く」等、航海・航行に関する独自の複合語を使用している。自己の今宵の宿りへの不安・憂慮を船棚のない「小舟」に投影しつつ、新たな創造を試みているが、「棚無し小舟」への自己投影を可能にしているのは、黒人が生み出した〈いづくにか〜らむ〉の構文である。藤原宮時代の万葉歌は、いまだ個の省察や内省に基づく表出の域には達していない。そのような個的表象前夜にあって、この歌は、暮れなずむ三河湾の「安礼の崎」を漕ぎ廻りゆく「棚無し小舟」に自己の寄るべなさや不安・旅愁を投影しながら形象化した斬新な黒人の旅愁歌と見なされるのである。しかも、三河行幸歌の「漕ぎ廻み行く」や「船泊て（す）」は、黒人のみが使用した独創的な複合語であり、三河「安礼の崎」の「棚無し小舟」と尾張「桜田」「年魚市潟」を詠じた「鶴鳴き渡る」等の表現は、二十数年後の紀伊国行幸歌や難波行幸歌へと連って、赤人・金村らに受け継がれながら次代の叙景歌を生み出す礎となったのである。

勿論、黒人が「見る」九例（「見れば」三例「見渡せば」一例）、「見ゆ」一例をはじめ国見歌の伝統の上に立った表現を多用していることは事実である。しかし、黒人は従来の伝統的で儀礼的な寿ぎや手向けの域からの脱却を試みている。持統太上天皇三河行幸に際しての「安礼の崎」の歌のように、地名を三句目に置いて詠む手法も土地ぼめを旨とする国見歌からの脱却と新たな創造を可能にしたと言えよう。(10) 藤原の都が生んだ歌人高市黒人は、行幸地の景を対象化しつつもそこに自己を投影し、叙景歌人の先蹤となって自我に目覚めた新時代の旅愁歌への道を切り拓いたのである。それを可能にしたのは、他でもなく黒人自身が創出した独創的表現なのである。

注

（1）高市黒人を「旅の歌人」として位置づける論考は枚挙に遑がない。稲岡耕二は「高市黒人」において「黒人の真髄は、旅情を形象化した点にある」（『国文学』20-15・一九七五年臨時増刊号「日本の旅人」）と説き、山崎良幸は「高市黒人の表現」に底流する「愁い」と「孤独感」を「旅にしてもの恋しきに」（3・二七〇）に焦点を当てて論じつつ「旅の中に憂愁の思いが観取される歌人は、黒人をもって嚆矢とすべきであろう」と規定している（『表現学大系　各論第一巻　和歌の表現』教育出版センター・一九八六年・三四頁、初出は『万葉歌人の研究』中の「高市黒人」風間書房・一九七二年・九八〜一一二頁）。野田浩子「黒人に於ける自然」「黒人の暈」も「黒人歌の寂寥」や「孤愁」について論じている（『万葉集の叙景と自然』新典社・一九九五年・三〇六〜三三九頁）。
　また、菊地威雄「黒人の叙景」は黒人を「旅愁・孤愁を歌った歌人」と見ることの妥当性を説き（尾崎暢殃他編『高市黒人—注釈と研究—』新典社・一九九六年・二三三〜二六二頁）、「高市黒人の抒情」では「棚無し小舟・赤のそほ船など黒人に見出された題材は歌語として詠み継がれ」たことを指摘している（中西進編『高市黒人・山部赤人　人と作品』おうふう・二〇〇五年・八六頁）。廣岡義隆も「黒人の羈旅歌八首」において「「孤愁」と評される黒人の旅愁世界」に着目しつつ論じている（神野志隆光　坂本伸幸編『万葉の歌人と作品第三巻』和泉書院・一九九九年・二一四頁）。

（2）森朝男「柿本人麻呂・高市黒人と東海」（『第18回春日井市シンポジウム資料集』春日井市教育委員会文化財課編・二〇一〇年・一九〜二一頁）。なお、加藤静雄「三河の歌」も、「尾張の国司の守、小子部連鉏鉤《ちいさこべのむらじきひち》が、二万の大軍を率いて吉野方に投じた」史実と「軍防令」に照らし、尾張と三河の混成軍を想定して壬申の乱と三河とのつながりを論じた上で、三河行幸に際して三河自体に他国のような叙位賜禄記事（国司・群司・百姓）がないことにも言及している（『万葉の歌―人と風土⑫東海』保育社・一九八六年・八六～九二頁）。

（3）久曾神昇「万葉歌枕「四極山」」は、その場所を「和名抄に磯泊郷とある地」で、「愛知県幡豆郡横須賀村（西尾市）」と推定している（久曾神昇編『語り継ぐ日本の歴史と文学』青簡舎・二〇一二年・九～一五頁）。『古今集』には「しはつ山ぶり」として「しはつ山うちいでて見ればかさゆひの島漕ぎ隠る棚なし小舟」（20・一〇七三・大歌所御歌）が収められている。なお、「高市連黒人羇旅歌八首」（二七〇～二七七）の三河・尾張以外の歌は近江・山城を詠む次の四首である。

磯の崎漕ぎ廻み行けば近江《あふみ》の海八十《やそ》の湊に鵠多《たづさは》に鳴く（3・二七三）
わが船は比良《ひら》の湊に漕ぎ泊《は》てむ沖へな離《さか》りさ夜更《ふ》けにけり（3・二七四）
いづくにかわれは宿らむ高島の勝野《かちの》の原にこの日暮れなば（3・二七五）
とく来ても見てましものを山城の高の槻群《つきむら》散りにけるかも（3・二七七）

（4）「奥榜所見」は「沖に～」「沖へ～」「沖を～」の訓を持ち定説を見なかったが、近年の『新編日本古典文学全集』『新日本古典文学大系』等は「沖を～」の訓によっている。格助詞「に」「へ」「を」の機能や動詞「漕ぐ」との意味的関係、さらに「船の動きを注視しながら、そこにわが思いを託する」黒人の作歌態度を根拠に、「船のある位置ないしは場所」を表す「に」や「下に移動性を表わす動詞（行く・遣る・のぼる・越ゆ・渡る等）」を伴う「へ」ではなく、格助詞「を」によって「沖を漕ぐ見ゆ」と訓むべきことを説いたのは山崎良幸「高市黒人」の「「朱のそほ船」の歌―とりわけ「山下の」の意義と「奥榜所見」の訓義について―」であった（『万葉歌人の研究』風間書房・一九七二年・九九

〜一一〇頁）。

（5）『懐風藻』には忠言が聞き入れられない高市麻呂の無念さを察して詠んだ藤原万里（麻呂）の「過神納言墟」が収められ、『日本霊異記』には民衆に尽くした高市麻呂の仁徳を湛える一篇、さらに『今昔物語集』にも「高市中納言、依正直感神語」が記されている。なお、この伊勢行幸に関する人麿作歌についての詳細は、和田明美「「あみの浦の歌」について」（山崎良幸『万葉集の表現の研究』風間書房・一九八六年・五七〜九四頁）、また「らむ」「らむか」の意味については同書並びに「助動詞「らむ」」（和田明美『古代日本語の助動詞の研究』風間書房・一九九四年・二〇五〜二三四頁）。

（6）この他にも、黒人独自の表現としては「うち越え見れば」（3・二七二）があり、集中「うち越え見る」も当該の一例のみである。また、「漕ぎ泊つ」（3・二七四）も、「わが船は」の初句（各々三例の内一例黒人）と併せて独自性の濃厚な表現と見なされる。なぜなら、古集中の作者未詳歌「我が舟は明石の水門に漕ぎ泊てむ沖辺な離《さか》りさ夜更けにけり」（7・一二二九）は、黒人の「わが舟は比良の湊に漕ぎ泊てむ沖へな離りさ夜更けにけり」（3・二七四）の影響のもとに詠まれたことが明白であり、天平五年に入唐使に贈った作者未詳歌（19・四二四五）も黒人以降の作品だからである。

（7）野田浩子『万葉集の叙景と自然』新典社・一九九五年、菊地威男「高市黒人の抒情」（中西進編『高市黒人・山部赤人　人と作品』おうふう・二〇〇五年）、尾崎暢殃「黒人作歌の船」（尾崎暢殃他編『高市黒人—注釈と研究—』新典社・一九九六年）等。

（8）『万葉集』に「小舟」は複合語も含め二四例認められ、「小舟」一二例、「葦別け小舟」「海人小舟」「棚無し小舟」各三例、「あから小舟」「足柄小舟」「さ小舟」各一例からなる。黒人の「小舟」の歌は「棚無し小舟」（二例）に限られており、その他「船」に関する黒人使用の語句は、「赤のそほ船」「わが船」「船人」「船」「船泊て（す）」各一例の計七例である。その一方で、集中五十例程認められる「大船」を詠むことはない。

（9）佐佐木幸綱が黒人を評した「遅れて来る人」は、同時代に活躍した人麿とは対照的に、「常に去っていくものの後ろ姿」を捉え、「積極的な姿勢をあえて避け」つつ旅の憂いを詠じ、「表現者として人麻呂に遅れて来た」黒人の一面を捉えたものと言える（『万葉へ』青土社・一九七五年・九六～一〇三頁）。山崎良幸『万葉歌人の研究』は、歴史が生み出した二人の歌人に注目して「人麿が飛鳥から藤原宮の時代にかけて生きた歌人であるとするならば、高市黒人こそ真に藤原宮時代が生んだ歌人…都が生んだ最初の歌人」（風間書房・一九七二年・九八～一一二頁）と位置付けており、佐藤文義「黒人の旅の意味」は「高市黒人といえば万葉第二期の宮廷歌人として柿本人麿と共に忘れ得ぬ歌人である。しか しその作歌には人麿のような天皇讃歌もなくも殯宮挽歌もない…すべて日常的な褻《け》の場における歌のみで、歌数も短歌十九首にすぎぬ羇旅歌の歌人」（尾崎暢殃他編『高市黒人—注釈と研究—』新典社・一九九六年・二六五頁）と説く。

（10）犬飼孝『万葉の風土』「高市黒人—特に第三句目の地名表記について—」（塙書房・一九五六年）。

※万葉集の用例は『日本古典文学大系』によったが、読解の便を考慮に入れて適宜表記を改めた。

あとがき

本書は、二〇一四年一月四日より名古屋市博物館で開催される「文字のチカラ―古代東海の文字世界―」（名古屋市博物館・愛知県立大学・愛知大学・文化庁主催、名古屋市立大学連携）にちなんで編まれたものである。この数年、東海地域にスポットを当てながら古代日本の文字文化の全貌を垣間見る展示企画を具体化するべく、愛知県立大学を中心に近隣の大学と名古屋市博物館がともに手を携えて準備を進めてきた。そのような折しも、二〇一一年三月十一日東北地方を襲った大地震と津波の被害は計り知れず、文字によって記載された過去千数百年にわたる震災・津波の記録が重要性を増すなか、研究者としてのありようや社会貢献の質が問い直されるようになった。展示企画も一度ならず希望の光を失いかけたが、研究者や学芸員の情熱とひたむきな努力、市民の期待の声にも支えられながら、大学間連携のもと国立歴史民族博物館・奈良文化財研究所の協力を得て実現可能になった。

画期的なこの展示を、著書によってバックアップしようと計画されたのが『語り継ぐ古代の文字文化』であった。古代の文物に親しみ、展示物の理解の一助となる新しいガイドブックをめざす一方で、最新の研究成果にもとづく啓蒙的教養書となることを願ってのことであった。いうまでもなく、愛知大学国文学会が主催する蒲郡市民教養講座二十五周年記念『語り継ぐ日本の文化』、三十周年記念『語り継ぐ日本の歴史と文学』に続く三冊目の発刊である。

本書は、「文字のチカラ」展の企画を推進した古代日本史・古代日本語・古代日本文学の研究者や学芸員が、展示物の魅力とその価値をあざやかに解き明かした最新の論考からなる。前編は木簡・正税帳・古辞書等を手がかりにして古代の尾張・三河や美濃の国の委細を平易に説いた「文字が語る古代の東海」、後編は金石文や木簡はもとより『古事記』『日本書紀』『万葉集』等の文献を通して古代日本の天皇制度や思想・言語文化を解明した「文字が伝える古代日本」からなるが、相互に連関している。二編の間に、千数百年の時を越えて古代日本人の息づかいを伝える展示物への真摯なまなざしを綴った名古屋市博物館加藤和俊学芸員のコラムを収めた。また、本書の趣旨に賛同して中央大学岩下武彦教授と群馬県立女子大学北川和秀教授が読み応えのある論考をお寄せくださった。序文は、木簡研究の一人者であるとともに「文字のチカラ」展実現に向けて尽力された愛知県立大学犬飼隆教授に頂戴した。今は亡き愛知大学久曾神昇名誉教授の既刊の二冊の序文を受けて、本シリーズの巻頭を飾ることができたことは何よりの光栄である。

ささやかな本書の試みが、漢字と出会い記載文化の時代を招来した黎明期から開花期にかけての古代日本の文字文化の価値を捉え直し、新たな「文字のチカラ」をもたらす一助となるならば、これにまさる喜びはない。なお、本書は愛知大学国語学研究会の助成のもと刊行されたものであるが、『語り継ぐ…』シリーズの一冊となる本書を快く引き受け、日本の文字文化や展示への配慮をもって助力くださった、青簡舎の大貫祥子社長に心からお礼を申し上げて結びの言葉としたい。

和田明美

平成二十五年十二月

執筆者紹介（掲載順）

犬飼　隆　いぬかい　たかし
一九四八年（昭和二三）愛知県名古屋市生。東京教育大学文学部卒業、同大学院文学研究科修士課程修了、同博士課程単位取得退学。博士（言語学）。現在愛知県立大学日本文化学部教授、同大学院国際文化研究科博士後期課程担当教授。専門は日本語史、文字言語論、音調論。単著に『上代文字言語の研究』（笠間書院）、『文字・表記探求法』（朝倉書店）、『木簡による日本語書記史』（笠間書院）、『漢字を飼い慣らす』（人文書館）、『木簡から探る和歌の起源』（笠間書院）。共著に『文法と音声』（くろしお出版）、『古代日本　文字の来た道』（大修館書店）、『美濃国戸籍の総合的研究』（東京堂出版）、『房総と古代王権』（高志書店）、『古事記を読む』（吉川弘文館）など。

丸山裕美子　まるやま　ゆみこ
一九六一年（昭和三六）、広島県松永市（現福山市松永町）生。お茶の水女子大学文教育学部史学科卒業、同大学院人間文化研究科博士課程単位取得退学。東京大学博士（文学）。日本学術振興会特別研究員（ＰＤ）を経て、一九九九年（平成一一）愛知県立大学助教授、現在愛知県立大学教授。専門は日本古代史、とくに日唐比較制度・文化史。著書に『日本古代の医療制度』（名著刊行会）、『古代天皇制を考える』（共著、講談社）、『正倉院文書の世界』（中公新書）などがある。

廣瀬憲雄　ひろせ　のりお
一九七六年（昭和五一）岐阜県岐阜市生。名古屋大学大学院文学研究科博士課程修了。博士（歴史学）。日本学術振興会特別研究員（ＰＤ）・名古屋大学高等研究院特任助教を経て、現在愛知大学文学部准教授。専門は日本古代史・東部ユーラシア対外関係史。著書『東アジアの国際秩序と古代日本』（吉川弘文館）。論文「倭国・日本史と東部ユーラシア」（『歴史学研究』第八七二号）、「皇極紀百済関係記事の再検討」（『日本歴史』第七八六号）など。

北川和秀　きたがわ　かずひで
一九五一年（昭和二六）東京都南多摩郡町田町（現町田市）生。学習院大学文学部卒業、学習院大学大学院人文科学研究科博士後期課程国文学専攻修了。文学博士。学習院大学助手を経て、現在群馬県立女子大学文学部教授。専門は上代文学、国語学。特に上代における表記に関心がある。著書に『続日本紀宣命　校本・総索引』（吉川弘文館）、『群馬の万葉歌』（あかぎ出版）。論文に「古事記上巻と日本書紀神代巻との関係」（『文学』四八―五）、「続日本紀諸本の系統」（『学習院大学文学部研究年報』三〇）など。

加藤和俊　かとう　かずとし
一九六八年（昭和四三）愛知県一宮市生。立命館大学を経て同志社大学卒業、同志社大学文学研究科文化史学専攻博士課程後期中退。名古屋市博物館学芸員、名古屋市秀吉清正記念館学芸員、名古屋市蓬左文庫学芸員を経て、二〇一一年（平成二三）より再び名古屋市博物館学芸員。専門は博物館学・文化史学・日本古代史。特別展「文字のチカラ―古代東海の文字世界―」担当。

吉田一彦　よしだ　かずひこ
一九五五年（昭和三〇）東京都生。上智大学大学院文学研究科博士後期課程単位修得満期退学。博士（文学）［大阪大学］。現在名古屋市立大学大学院人間文化研究科教授。主な著書に、『仏教伝来の研究』（吉川弘文館）、『古代仏教をよみなおす』（吉川弘文館）、『民衆の古代史』（風媒社）、編著に『変貌する聖徳太子』（平凡社）、共編著に『名古屋の観光力』（風媒社）。

榎　英一　えのき　えいいち
一九四九年（昭和二四）北海道小樽市生。立命館大学卒業、同大学院修士課程修了。名古屋市博物館、宇治市源氏物語ミュージアム、立命館大学国際平和ミュージアム等の学芸員を経て、現在愛知文教大学教授。日本史学、博物館学担当。名古屋市博物館資料叢書Ⅱ『和名類聚抄』解説、訳注日本史料『延喜式』中（主税式分担）、「延喜式諸国日数行程考」（『立命館文学』第六〇五号）、「博物館資料分類不要論」（『愛知文京大学論叢』第一二巻）、「桐壺帝の政治―源氏物語を政治史として読む―」（『アリーナ』第一一号）など。

岩下武彦　いわした　たけひろ
一九四六年（昭和二一）熊本県玉名市生。東京大学卒業。東京大学大学院人文科学研究科修士課程修了。現在、中央大学文学部教授。万葉集特に柿本人麻呂及び万葉集の享受史を研究。著書『柿本人麻呂作品研究序説』（若草書房）、千艘秋男他と共編著『三条西実隆自筆本『一葉抄』の研究』（笠間書院）、青木周平と共編著『兼永本　古事記』『出雲国風土記抄』ＣＤ―ＲＯＭ（国文学研究資料館データベース　古典コレクション　岩波書店）。

片山　武　かたやま　たけし

一九三三年（昭和八）愛知県名古屋市生、愛知学芸大学（現愛知教育大学）卒業、愛知大学専攻科修了後、中・高校教員を経て金城学院大学文学部勤務、二〇〇〇年（平成一二）三月退職。上代日本文学、近世文学（国学者の万葉集研究）。万葉集の訓詁注釈的研究。主として東海四県の賀茂真淵、本居宣長の門人らの万葉集研究を行っている。『万葉集見解Ⅰ～Ⅳ』（東京文芸館）、『万葉集を読む（その時代背景）その一～その四』（マイ・ブック出版）、『賀茂真淵門人の万葉集研究―土満・魚彦』（万葉書房）、『小塚直持と萬葉長歌類葉抄』について』（愛知県郷土資料刊行会）など。

和田明美　わだ　あけみ

一九五六年（昭和三一）高知県宿毛市生。高知女子大学（現・高知県立大学）卒業後、名古屋大学大学院文学研究科博士課程前期修了・同博士課程後期中途退学・博士（文学）。現在愛知大学文学部教授。古代的思考の論理を探求しつつ、文法と意味の分野を中心に日本古典文学の表現の研究に携わる。著書に『古代日本語の助動詞の研究』『古代的象徴表現の研究』（風間書房）、『古代東山道園原と古典文学』（あるむ）の他、共著に『万葉集の表現の研究』『源氏物語注釈　一～六』『日本語の語義と文法』（風間書房）、『万葉史を問う』（新典社）、『語り継ぐ日本の文化』『語り継ぐ日本の歴史と文学』（青簡舎）など。

語り継ぐ古代の文字文化

二〇一四年一月四日　初版第一刷発行

編　者　犬飼隆・和田明美

発行者　大貫祥子
発行所　株式会社青簡舎
〒一〇一－〇〇五一
東京都千代田区神田神保町二－一四
電　話　〇三－五二一三－四八八一
振　替　〇〇一七〇－九－四六五四五二
装　幀　水橋真奈美（ヒロ工房）
印刷・製本　モリモト印刷株式会社

ISBN978-4-903996-70-7 C1095